KB059479

보도 가치를
높이는
TV 뉴스
문장 쓰기

방송 언어 연구 총서

보도 가치를 높이는 TV 뉴스 문장 쓰기

지은이 | 국립국어원 · MBC
펴낸이 | 김성실
기획편집 | 이소영 · 박성훈 · 김하현 · 김성은 · 김선미
마케팅 | 곽흥규 · 김남숙
인쇄 | 중앙 P&L(주)
제본 | 바다제책사
펴낸곳 | 시대의창
출판등록 | 제10-1756호(1999. 5. 11)

초판 1쇄 발행 | 2006년 6월 26일
초판 2쇄 발행 | 2007년 7월 24일

2판 1쇄 발행 | 2008년 12월 22일
2판 2쇄 발행 | 2013년 8월 26일

주소 | 121-816 서울시 마포구 연희로 19-1 4층
전화 | 편집부 (02) 335-6125, 영업부 (02) 335-6121
팩스 | (02) 325-5607
이메일 | sidaebooks@hanmail.net

ISBN 978-89-5940-265-6 (93300)

방송 언어
연구 총서

보도 가치를 높이는

TV 뉴스
문장 쓰기

국립국어원 · MBC 지음

시대의창

머리말

이 책은 방송 언어, 특히 텔레비전 뉴스 텍스트를 작성할 때 지침으로 삼아야 할 내용을 중심으로 집필되었다. 뉴스 언어는 정확성, 명료성, 객관성 등을 특징으로 하는 만큼 우리는 뉴스야말로 가장 표준적이고 가장 좋은 글일 것으로 기대한다. 그러나 실제 우리의 뉴스 텍스트는 여러 가지 면에서 부족한 점이 많은 것이 사실이다.

이러한 인식 아래 2005년 4월 12일 당시의 국립국어원 남기심 원장과 MBC 최문순 사장은 방송 언어에 대한 공동 연구를 수행할 것을 주된 내용으로 하는 협정서를 체결하였고 그 1차년도 사업으로 텔레비전 보도 문장에 대한 지침서를 작성하기로 결정하였다.

연구 참여 인력은 국립국어원의 연구원 4인을 포함하는 8인의 공동 연구원, 4인의 조사원, 간사 1인을 포함하여 총 13인으로 구성되었다. 우리는 방송 언어를 연구하는 첫 단계로 '방송 화법'에 대한 개념을 정립하고 방송 전문가들이 인식하고 있는 방송 언어의 문제점을 파악하는 일이 필요하다고 판단하여 먼저 방송 전문가들을 초빙하여 간담회를 가졌다. 방송 언어에 대한 연구는 기존 실태의 파악이 선행되어야 하므로 KBS, MBC, SBS 3사의 저녁 종합 뉴스를 대상으로 삼아 뉴스 본문뿐 아니라 제목과 앵커멘트, 자막의 문제를 같이 검토, 논의하기로 결정하였다. 특히 기자가 작성하는 뉴스의 본문은 단순히 문장의 문법성만을 따질 것이 아니라 어휘 사용을 비롯한 표현의 측면과 인터뷰까지 검토하여야 한다는 생각으로 이들도 검토 대상에 포함시켰다.

    연구원과 조사원은 8개월의 연구 기간 동안 격주로 모임을 갖고 매번 하나의 주제에 대해 이루어진 실태 조사를 토대로 문제점을 파악하고, 파악한 각각의 문제를 해결하기 위해서는 어떤 지침을 제시하는 것이 좋을지 토의하고 또 토의하였다. 국어학자로 이루어진 연구팀에서 내어놓은 안이 실무자들의 직관과 거리가 있을 수 있으므로 보도국 기자들과 만나 우리가 발견한 문제점을 지적하고 그들의 의견을 청취하는 심포지엄을 갖기도 하였다.

    그 결과 2005년 10월, 한글날에 즈음하여 우리가 선정한 7가지 주제 가운데 4가지 주제를 뽑아 발표하고 현직 기자들의 의견을 듣는 토론회를 개최하였다. 이제 그 모든 내용을 다 반영하여 재검토하고 수정한 최종 결과물을 국립국어원과 문화방송의 이름으로 펴내게 되었다.

    뉴스 텍스트를 어떻게 작성해야 하는지 처음부터 끝까지 모든 내용을 한 권의 책 안에 다 담는 것은 불가능하다. 다만 이러이러한 점만은 반드시 지켜달라는 기본 지침들을 근거와 함께 제시했다는 것이 이 책의 성격에 대한 솔직한 소개이다. 좋은 글은 이러해야 한다고 일반적으로 말하는 것은 불가능하다. 그러나 보도 문장을 작성하는 현업 기자들과 기자를 꿈꾸는 이들에게 좋은 보도 문장은 적어도 이러한 점들을 지켜야 한다고 말할 수 있게 된 것이 가장 기쁜 일이다.

    이 모든 작업이 방송 언어의 중요성을 인식하고 두 기관의 공동 연구를 제안한 이상규 제1대 MBC 우리말 위원회 위원장님과 당시의 MBC 이긍희 사장님에 의해 시작되었고 현 MBC 최문순 사장님의 적극적인 지원에 의해 가능했음을 밝히고 이 자리에서 감사의 마음을 표한다.

연구책임자 장소원

추천사

국립국어원과 MBC 문화방송이 방송 언어의 발전을 위해 협약을 맺은 것이 꼭 1년 전인 2005년 4월의 일입니다. 그 당시 문화방송의 우리말 위원회 위원장으로 협약을 추진하다가, 1년이 지난 지금 국립국어원장으로 공동 연구의 첫 번째 결실을 앞에 놓고 머리말을 쓰게 되니 감회를 억누를 길이 없습니다.

국립국어원과 MBC 문화방송이 협약을 맺고 공동 연구를 시작한 것은 국어와 방송의 미래를 위해 참으로 다행스럽고 기쁜 일이었습니다. 국어 연구 기관과 방송국의 당사자들이 뜻을 합쳐 머리를 맞대고 진지하게 생각하고 토론함으로써 방송 언어는 물론 국어의 발전에 새로운 전기를 마련할 수 있었습니다.

방송을 통해 국어의 문화적 가치를 알리고 높이는 일이야말로 우리가 반드시 이룩해야 할 일이라고 생각합니다. 우리가 가진 문화의 힘은 우리말을 통해 이루어지고 우리말을 통해 세승될 수 있기 때문입니다. 방송이 우리말의 문화적 가치를 높이고 소중히 한다면 국민 누구나 문화의 혜택을 골고루 누릴 수 있게 되어 문화의 발전으로 이어질 것입니다. 국립국어원은 이러한 일에 힘을 아끼지 않을 생각입니다. 앞으로 국어 기본법에 명시된 바와 같이 방송 언어뿐 아니라 방송 매체를 통해 국민들에게 전달되는 가요, 드라마, 광고 등의 언어 실태를 분석하고 연구하는 방향으로 발전되기를 기원합니다.

그동안 공동 연구의 필요성을 느끼면서도 선뜻 함께 하지 못했던 일을 MBC 문화방송에서 기꺼이 함께 해준 것을 기쁘게 생각합니다. 국립국어원과 MBC 문화방송이 공동 연구를 시작한 후에 다른 방송들도 방송 언어의 발전에 동참할 뜻을 밝혀 와서 국어 발전을 위한 새로운 발걸음을 내딛게 되었습니다.

만물이 생동하는 좋은 계절에 두 기관이 땀을 흘려 이룬 연구 성과가 언어의 발전, 나아가 국어의 발전에 기여하기를 바라며 그동안 많은 노력을 아끼지 않으신 MBC 문화방송과 연구자 여러분께 감사의 말씀을 드립니다.

국립국어원 7대 원장 이상규

추천사

보도 문장의 영향력은 방송 언어 중에서도 매우 큰 편이라 할 수 있습니다. 보도 프로그램은 정보를 바르고 정확하게 전달하는 것이 목적이기 때문에 보도 문장 역시 바르고 정확할 것이라는 믿음이 있어 프로그램에서 방송된 언어를 비판 없이 수용하는 경우가 많습니다.

그러나 실제 보도 문장에서 사용된 표현들을 살펴보면 내용을 빨리 전하는 데 관심이 모아져 보도 문장 자체를 다듬는 노력이 소홀해지는 경우를 발견합니다. 보도 문장의 파급력을 생각하면 빠르고 정확한 보도만큼이나 정확한 보도 문장을 구사하려는 노력이 중요하다고 생각합니다. 현장에서 일선 기자로 오래 근무한 저로서는 방송 언어를 연구함에 있어 보도 문장의 작성과 보도 화법 연구가 절실하다고 느꼈고 취임 후 제일 먼저 우리말 관련 사업으로 보도 화법과 보도문 작성에 대한 연구를 국립국어원과 함께 서울대 장소원 교수님을 비롯한 여러 교수님들께 부탁드린 것도 이와 같은 이유 때문이었습니다.

장소원 교수님은 지난 2003년부터 문화방송의 우리말 위원회 위원으로 계시면서 직접 방송 언어와 관련한 자문과 교육을 맡아 주셨고 MBC 프로그램에 출연해 잘못된 여러 표현들을 바로잡아 주셨습니다. 또 함께 연구해 주신 교수님들께서도 모두 방송 현장과 관련 업무를 잘 이해하고 계시는 분들이라 이번 연구는 보도 업무의 현장에서 일하는 기자들에게 좋은 길잡이가 될 것이며 방송을 공부하려는 많은 사람들에게 큰 도움이 될 것으로 확신합니다. 본 프로젝트를 끝까지 완수해 주시고 애써 주신 여러 교수님들께 다시 한 번 감사드리고 본 연구의 성과가 실제 방송의 품질 향상으로 나타날 수 있도록 함께 노력하겠습니다.

전 문화방송 사장 최문순

차 례

4부 보도문, 이렇게 작성한다

5부 인터뷰, 이렇게 활용한다

6부 자막 작성, 이렇게 한다

1부

종합 뉴스,
이렇게 구성된다

1

뉴스의 다층적 구조

    종합 뉴스는 여러 개의 기사로 구성되며 개별 기사 또한 여러 요소로 구성된다. 이렇듯 종합 뉴스를 이루는 각 요소는 다소 복잡한 층위를 이루고 있다. 이러한 복잡한 층위의 각 요소는 보도를 위한 텍스트가 될 수 있는데 크게는 뉴스 프로그램 전체가 하나의 보도 텍스트가 될 수 있고, 작게는 개별 뉴스를 구성하는 모든 음성과 영상 정보가 보도 텍스트가 될 수 있다.

    종합 뉴스를 이루고 있는 텍스트의 다양한 층위를 잘 이해하는 것은 뉴스 문장을 잘 쓰는 데 많은 도움이 된다. 하루치의 종합 뉴스 프로그램 전체는 가장 큰 보도 텍스트다.

종합 뉴스 전체

종합 뉴스

기사 1

기사 2

기사 3

기사 4

기사 n

┃사회┃ 위장전입	┃사회┃ 법정난동 무방비
┃세계┃ "문제될 줄 몰랐다"	┃사회┃ 감금시켜 영업
┃정치┃단신┃ "결격사유 아니다"	┃경제┃ 인터넷 주민번호
┃정치┃ 수교 후 첫 방문	┃사회┃ 맞춤형 건강검진
┃세계┃ 긴장 고조	┃건강과학┃ 스트레스 주범
┃사회┃ 격렬 시위	┃사회┃ 특목고 2곳 신설
┃세계┃ 포기 않고 추진	┃문화연예┃ 5000년 전 망태기
┃세계┃ 후세인 로비 기소	┃통일외교┃ 육성노래 공개
┃사회┃단신┃ 어디 있나	┃사회┃ 연구비가 없다
┃통일외교┃ 작전계획 중단	┃건강과학┃ 떠나는 연구원
┃경제┃ 7곳 신청	┃정치┃ 부실감사 추궁
┃경제┃단신┃ 실적 부진	┃정치┃ 달라진 게 없다
┃경제┃ "세무조사 당연"	┃정치┃단신┃ "비례대표 늘려라"
┃사회┃ 400억 원 빼돌려	┃경제┃ 못 믿을 실업통계
┃사회┃ 흉기로 증인 찔러	

하루치의 종합 뉴스는 여러 꼭지의 개별 기사로 구성되는데 개별 기사들은 각각이 독립적인 경우가 많지만 중요한 기사거리는 몇 개의 기사군으로 구성되는 경우가 있다.

하나의 기사군

기사 1 **사회 · 위장전입**   기사 2 **세계 · "문제될 줄 몰랐다"**   기사 3 **정치 · "결격사유 아니다"**

개별 기사도 여러 요소로 구성된다. 종합 뉴스의 개별 기사는 일반적으로 제목, 앵커멘트, 기자 리포트 등으로 구성된다. 스트레이트 기사와 라디오 뉴스 기사는 약식으로 구성된다.

보도의 핵심이라고 할 수 있는 기자 리포트는 일반적으로 도입부, 본문, 정리부 등으로 구성된다.

개별 기사의 구성

| 앵커멘트 | 제목 | 기자 리포트 |

마음은 고향에	제목
서울역과 고속버스 터미널에는 오늘 아침부터 고향에 가려는 귀성객들로 크게 붐볐습니다. 밝은 얼굴들, 그 설레는 표정을 ○○○ 기자가 전해 드립니다.	앵커멘트
고속버스 매표소는 뒤늦게 표를 사려는 사람들로 발 디딜 틈이 없습니다. 버스를 기다리는 대합실도, 버스를 타는 승강장도 사람들로 가득합니다. 고향에 간다는 설렘 때문인지 귀성객들의 표정은 밝았습니다.	도입
귀성객 1 ㅣ 차가 많이 막힐 것 같은데요. 그래도 명절때 부모님 뵈러 고향에 내려간다는 것 때문에 참을 만합니다. **귀성객 2 ㅣ** 할머니랑 할아버지 만나니까 좋고요. 학원 빠지니까 더 좋아요. **기자 ㅣ** 서울역에도 귀성 행렬이 이어졌습니다. 양손은 선물꾸러미 그리고 가방에 아이까지 그렇지만 고향을 향한 발걸음은 가볍습니다. **귀성객 3 ㅣ** 너무 좋죠. 부모님 만나러 가니까 좋아요. **기자 ㅣ** 뭐 해드릴 생각이세요?	기자 리포트 본문

귀성객 3 | 맛있는 거 많이 해드려야죠.

귀성객 4 | 연휴가 짧아서 애들하고 먼저 내려가고요. 아빠는 퇴근하고 저녁 늦게…

기자 | 힘들게 내려올 자식 걱정에 서울을 찾은 역귀성객들도 많습니다.

귀성객 5 | 10시간씩 오니 어떻게 해. 또 갈 때 10시간. 그래서 부담이 가서 안 되겠어. 그래서 내가 온 거야.

기자 | 여느 해보다 귀성길 교통 체증이 극심할 것으로 예상되지만 귀성객들의 마음은 벌써 고향에 가 있습니다. MBC 뉴스 ○○○입니다.

본문은 일반적으로 기자의 발화, 각종 영상, 인터뷰, 자막과 그래픽 등으로 구성되며 기자의 발화는 개별적인 문장으로 구성된다.

기자 리포트의 본문 구성 요소

영상 ①

영상 ②

인터뷰

그래픽

2 보도문을 작성할 때 반드시 지켜야 하는 원칙

보도문을 작성할 때는 반드시 지켜야 하는 원칙이 있다. 이 원칙은 가장 큰 구성 요소부터 가장 작은 구성 요소에 이르기까지 일관되게 지켜져야 한다.

1 보도문 작성 원칙

첫 번째 원칙은 일관성이다. 보도 텍스트는 최상위의 뉴스 프로그램 전체부터 최하위의 각 문장에 이르기까지 여러 계층적 구성 요소로 이루어져 있는데 이러한 모든 구성 요소는 전달하려고 하는 주제와 밀접한 관련이 있도록 구성되어야 한다. 동일한 뉴스 프로그램 내에서 관련 기사군 간에 통일성이 있어야 하며, 개별 기사의 모든 구성 요소 간에도 통일성이 있어야 한다.

이 원칙과 관련해 불일치 문제를 피하도록 노력해야 한다. 즉, 보도 텍스트의 구성 요소 중 전달하고자 하는 주제와 관련이 없거나 관련성이 부족한 요소가 있어서는 안 된다.

두 번째 원칙은 긴밀성이다. 보도 텍스트의 모든 구성 요소는 형식적·내용적·논리적으로 긴밀한 연관성을 가져야 한다. 동일한 뉴스 프로그램 내에서 관련 기사군 간에 긴밀성이 있어야 하며, 개별 기사의 모든 구성 요소 간에도 긴밀성이 있어야 한다.

이 원칙과 관련해 중복 및 이완 문제를 피해야 한다. 중복은 보도 텍스트의 구성 요소 중 잉여적인 요소가 있어서는 안 된다는 것이고 이완은 각 요소 간의 연결이 자연스럽지 않으면 안 된다는 것이다.

세 번째 원칙은 완결성이다. 보도 텍스트는 설정된 주제를 이해하는 데 필요한 모든 정보를 갖추어야 한다. 동일한 뉴스 프로그램 내에서 설정된 주제가 충분히 전달되도록 관련 기사군이 구성되어야 하며, 개별 기사 내에서도 설정된 주제가 충분히 전달되도록 필요한 모든 요소를 갖춰야 한다.

이 원칙과 관련해서는 결여 문제가 발생하지 않도록 해야 한다. 즉, 설정된 주제를 이해하는 데 필요한 요소가 보도 텍스트의 구성 요소에서 빠져 있으면 안 된다.

2 원칙이 잘 지켜진 경우

위의 예는 세 꼭지로 구성된 관련 기사군인데 제목 자막에 뉴스의 대상 인물 사진을 모두 넣어 통일성을 높이고 있다. 보도 내용에서도 대체로 문제가 되는 상황과 이에 대한 해명, 관련 보도 등에 집중하고 있어 통일성이 유지되었다. 제목을 보면 '위장 전입 → "문제될 줄 몰랐다" → "결격사유 아니다"' 순으로 되어 있는데 이는 각각 '사건에 대한 객관적 보도 → 당사자의 해명 →

관련 기관의 의견' 순이다. 이러한 구성은 시청자들의 일반적인 사고 흐름과 일치하므로 긴밀성이 잘 유지된 구성이다.

또한 '사실 보도, 당사자의 해명, 관련 기관의 의견' 등이 포함되어 있으므로 시청자들이 이 사건에 대해 기초적인 정보를 습득한 후 당사자의 해명을 통해 나름대로 판단을 내릴 수 있게 하였고 마지막에 관련 기관의 의견을 통해 향후 전망까지 할 수 있도록 했으므로 필요한 정보가 대부분 포함된 완결성이 높은 구성이다.

3 원칙이 잘 지켜지지 않은 경우

원칙이 잘 지켜지지 않은 경우

물론 위의 기사군은 나름대로 핵심 원칙을 잘 지키고 있다. 제목 자막에 모두 철도공사 로고를 넣음으로써 관련 기사로서의 통일성을 유지하고 있다. 또한 '대통령의 의지 → 검찰의 행보 → 관련자 인터뷰' 순으로 배치해 우선순위가 높은 것부터 제시하려는 긴밀성도 보이고 있다. 그러나 부분적으로는 다음과 같은 문제점이 지적될 수 있다.

위의 기사군 중 세 번째 기사는 다른 두 기사와 다소 일치되지 않기 때문에 통일성을 해친다. 앞의 두 기사는 이 사건에 대한 처리 의지와 방안 등에 대한 기사인데 세 번째는 중요 인물에 대한 인터뷰 기사다. 사건과 관련된 주요 인물에 대한 특종 인터뷰이기 때문에 뉴스 제작자 입장에서는 중요하다고 생각할 수 있으나 시청자들의 입장에서는 기사의 흐름과 일치되지 않는다고 느낄 수 있다.

긴밀성에서도 다소 문제가 있다. 세 기사의 본문 중 앞의 두 기사에서는 '대통령의 의지와 검찰의 의지'가 모두 나타나 있으며 뒤의 두 기사에서는 관련 의원에 대한 언급이 모두 나타나 있다. 개별 기사의 구성에는 이러한 내용이 모두 필요할 수 있으나 기사군 전체의 흐름을 고려해 내용을 보다 긴밀하게 구성하는 것이 좋다.

완결성은 여러 차원에서 논의될 수 있는 것이므로 이 기사군에 대해서 완결성을 논하는 데는 다소 무리가 있다. 기사군의 완결성과 완결성이 부족해 발생하는 결여의 문제는 전적으로 데스크의 판단에 달려 있다. 반드시 보도해야 할 내용이 빠지지 않았는지, 시청자가 정확하게 이해하고 판단하기 위해 필요한 요소는 무엇인지에 대해 보다 면밀하게 검토하여 기사군의 각 꼭지와 기사 본문의 내용을 결정해야 한다.

3

기사, 이렇게 쓴다

기사는 일반적으로 제목, 앵커멘트, 기자 리포트로 구성된다. 제목은 기사의 전체적인 내용을 요약하거나 핵심적인 내용을 추출해서 자막으로 제시해 시청자의 관심을 불러일으키는 부분이다.

앵커멘트는 이어질 기자 리포트의 내용을 앵커가 요약적으로 제시하거나 핵심적인 내용을 언급하는 부분이다. 또한 경우에 따라서는 기자 리포트가 끝난 후 첨언이나 논평을 하는 부분이다. 기자 리포트는 설정된 주제에 대해 기자가 사실, 의견 등을 제시하는 핵심적인 부분이다. 기자 리포트는 '도입, 본문, 정리' 세 부분으로 구성된다.

기사를 이루는 모든 부분을 작성할 때 앞에서 제시된 원칙들이 철저하게 지켜져야 한다.

1 원칙이 잘 지켜진 경우

과학고 회장 자살	제목
서울 한 과학고등학교 학생회장이 아파트에서 몸을 던져 스스로 목숨을 끊었습니다. 성적 하락을 비관한 것이 아닌가, 경찰은 보고 있습니다. ○○○ 기자입니다.	앵커멘트

어제 새벽 2시쯤 서울 노원구 중계동 한 아파트 인도에서 서울 모 과학고 학생회장 18살 이모 군이 숨진 채 발견됐습니다.	도입 · 기자 리포트
이군은 어머니와 대화를 나누고 자신의 방으로 들어간 뒤 베란다 창문으로 뛰어내린 것으로 추정되고 있습니다. **경비원** | 여기 와보니까 차는 찌그러져 있고… 그 학생은 옆에 쓰러져가지고…. 어머니에게는 "엄마 편히 사세요"라는 메모를 남겼고, 친구 30여 명에게 "먼저 간다"는 내용의 문자 메시지를 보냈습니다. 학교 측은 이군이 교내 밴드와 농구부에서 활발한 활동을 벌였고, 교우 관계도 좋아 자살할 이유는 없다고 밝혔습니다. 그러나 이군은 최근 학교 성적 때문에 고민해 온 것으로 알려졌습니다. **이군 할머니** | 학생회장이 되면서 공부를 제대로 못 했고, 지난달 모의고사 성적이 많이 떨어져 고민을 많이 했다. 경찰은 이군이 지난해 모 대학 조기 입학시험에서 낙방한데다 성적이 떨어진 것을 비관해 스스로 목숨을 끊은 것으로 보고 있습니다.	본문 · 기자 리포트
이러한 안타까운 소식이 더 이상 없기를 바라는 마음 간절합니다. MBC 뉴스 ○○○입니다.	정리

위의 기사에서는 고등학생의 자살 사실을 보도하기 위해 '과학고 회장 자살'이라는 제목을 뽑아 주체와 행위를 분명히 밝혔다. 또한 앵커멘트에서는 사건의 개요와 추정을 제시함으로써 기자 리포트를 이끌고 있다. 기자 리포트의 도입 부분에서는 사건을 육하원칙에 따라 요약하고 본문에서 인터뷰와 기자의 견해를 통해 보도하고 있다. 기사의 구성 요소 모두가 설정된 주제로 집중되고 있기 때문에 통일성이 잘 유지되고 있다.

그리고 위의 기사는 '제목 → 앵커멘트 → 기자 리포트'의 과정을 통해 사건을 점차적으로 구체화하고 있고 본문에 관계자의 인터뷰와 경찰의 의견을 적절히 삽입해서 기자의 보도 내용을 뒷받침함으로써 긴밀성을 유지하고 있다.

마지막으로 사건에 대한 최소한의 정보가 모두 제시되었기 때문에 완결성이 잘 유지되었다. 또한 사건에 대한 단순 보도가 아닌 인터뷰와 인용을 통해 사건의 본질이 보다 잘 전달되도록 하였다. 그러나 '과학고 회장'을 제목으로 뽑은 이유에 대해서는 기자 리포트에서 해명되지 않고 있기 때문에 이런 면에서는 완결성이 다소 부족하다.

2 원칙이 잘 지켜지지 않은 경우

"문제될 줄 몰랐다"	제목
홍석현 주미대사는 재산공개 발표에 앞서 제기될 가능성이 있는 의혹들을 미리 해명했습니다. ① 곰곰이 들어볼 만한 대목들이 있습니다. ○○○ 특파원입니다.	앵커멘트
홍석현 대사는 한국시간 아침 7시, 다른 일로 예정됐던 특파원 간담회에 나와 한 시간에 걸쳐 재산 문제를 설명했습니다. ② 핵심은 대대로 부자라는 겁니다.	도입
"100년 전 증조부가 사신 땅부터 선친께서 사서 물려주신 땅이 덩어리가 큰 게 있고…" 또 한 가지 중요 대목은 땅 중 일부가 위장 전입으로 매입됐지만, 자신이 신경 쓸 정도가 아니었다는 겁니다. "15억, 20억쯤 된다고 그래요. 그러니 제가 뭘 관심을 갖고, 그걸 통해서 재테크를 할 성질은 아니라고 볼 수 있죠." ③ 자신은 부동산엔 재능이 없어, 압구정동 아파트를 14억 5천에 사서 11억에 판 적이 있다고 소개했습니다. 중학생 아들에게 땅 3만 평을 주면서 어떤 생각을 했었냐고 묻자, "어렸을 때 제 이름으로 아버지가 가족 묘지를 쭉 사주셨기 때문에 제 큰 아이에게 넘길 때 별로 그런 생각은 없었습니다."	본문 / 기자 리포트

④ 이런 말들을 어떻게 받아들일지는 듣는 쪽의 판단입니다. ⑤ 탈세로 감옥을 다녀온 뒤 택한 공직의 길이 그에게 기회일지 위기일지 기로입니다. 워싱턴에서 ○○○입니다.

위의 예는 특정 사건에 대한 당사자의 해명을 중심으로 전체적인 통일성을 유지하려 노력하고 있으나 부분적으로는 통일성을 해치는 부분이 있다. 앵커 멘트 중 ①은 기사의 주제와 일치되지 않는다. 또한 기자 리포트 도입부의 ②는 제목과 일치되지 않으며, 정리 부분의 ⑤는 기사와 전혀 관계가 없다.

또한 위의 기사는 중복되는 요소는 많지 않지만 각 요소 간의 연결은 긴밀하지 못하다. 기자 리포트 도입부의 ②는 '대대로 부자'라는 한 가지 사실만 쓸 것이 아니라 본문에 나열되는 '대대로 부자, 사소한 위장전입, 가문의 관행'을 포괄하거나 나열하는 것이 좋다. 만약 '대대로 부자'를 살리고자 한다면 본문의 ③은 빼야 요소 간의 긴밀성이 유지된다.

마지막 인터뷰는 물음을 먼저 제시하고 이에 대한 답을 인용으로 제시하고 있는데 다른 부분은 물음 없이 인용이 제시되므로 이 부분 또한 인용을 먼저 제시하고 이에 대한 요약을 제시하는 편이 긴밀성을 유지하는 데 도움이 된다.

마지막으로 위의 기사는 해명 사실에 대한 보도가 주를 이루므로 해명에 대한 평가나 판단이 큰 비중을 차지할 필요는 없다. 그러나 ④와 같은 구절을 쓸 필요가 있다면 기자가 보다 명확하게 판단을 내리거나 다른 사람의 견해를 인용히는 것이 좋다.

4 기자 리포트 작성법

기자 리포트는 도입부, 본문, 정리부 세 부분으로 구성된다.

도입부는 기자 리포트의 맨 앞부분으로서 기사의 내용을 압축적으로 제시하거나 흥미로운 사실을 제시함으로써 관심을 유발하는 부분이다. 앵커멘트가 있는 경우 앵커멘트에 이어 본문에서 기사를 전개해 나가기 위한 실마리 부분이며 스트레이트 기사의 경우 상세화에 앞서 기사의 핵심적인 내용을 밝히는 부분이다. 유형으로는 요지형, 발췌형, 유추형 등이 있다.

본문은 기사의 핵심적인 부분으로서 사실을 전달하거나 해설, 논평, 주장 등을 펼치는 부분이다. 스트레이트 기사의 경우 도입에 이어 상세화하는 부분이다. 유형으로는 직렬형, 병렬형, 발췌형이 있다.

정리부는 기사의 말미에 내용을 요약하거나 본문에 빠진 내용을 부연하고 전망 등을 제시하는 부분이다. 유형으로는 요약형, 환기형, 전망형, 해석형 등이 있다.

1 기자 리포트의 구성 유형

기자 리포트의 구성 유형에는 피라미드형, 역피라미드형, 다이아몬드형, 모래시계형 네 가지가 있다.

피라미드형은 주변적인 내용으로부터 시작해 핵심적인 내용으로 끝을 맺는 유형이다. 따라서 기사의 가장 핵심적인 내용은 본문의 말미나 정리에 놓인다. 이러한 유형의 기사는 대개 미괄식으로 구성된다.

기사의 내용으로 자연스럽게 유도한 후 전달하고자 하는 내용을 마지막에 효과적으로 전달할 수 있는 유형이다. 그러나 기사의 핵심적 내용을 이해시키기에는 다소 어려울 수 있으며 시청자에게 인내심을 요구한다.

아래의 예를 보면 기자 리포트의 도입부 ①은 '휘발유 값에 대한 소비자의 인식'이라는 주변적인 내용으로 시작하고 있으며 본문의 ②에서는 '급격한 유가 상승과 이에 대한 우려'라는 핵심적인 내용으로 끝을 맺고 있다. 주변적인 내용으로 관심을 불러일으킨 후 마지막에 핵심적인 정보를 전달하는 피라미드형을 효과적으로 사용했다.

유가 비상	제목	
최근 국제 유가는 하락세로 돌아섰지만 국내 휘발유 값은 떨어지지 않고 계속 오르고 있습니다. 시차 때문이라는데 이번 주에도 휘발유 값은 또 오를 가능성이 높다고 합니다. ○○○ 기자입니다.	앵커멘트	
① 휘발유 값에 대한 소비자들의 생각은 대체로 비슷합니다. 오를 때는 금방이지만 내릴 때는 느리다는 겁니다.	도입	기자 리포트
"올릴 때는 빨리 올리고 내릴 때는 천천히 내린다." 하지만 길게 보면 원유 값과 휘발유 값은 같이 움직입니다. 다만 한두 주일의 시차가 있습니다. 국제 시세는 매시간 변하지만 국내 휘발유 값은 매주 한 번만 바뀌기 때문입니다. 물론 시장 상황을 감안하는 부분도 큽니다. 원유 값이 상승해 국제 시장의 휘발유 값을 배럴당 1달러 올려놓으면 대개 국내에서는 리터당 12원 정도가 오릅니다. 환율까지 감안해 올초부터 계산하면 국내 휘발유 값의 인상 요인은 리터당 200원 정도지만 실제 오른 건 100원 남짓이었습니다.	본문	

"내수 감소와 시장 상황을 고려해야 하기 때문에 인상분을 다 올릴 수는 없다." 실제 소비자가격은 다시 주유소별로, 또 지역별로 달라서 많게는 100원 이상 차이가 납니다. ② 국내 휘발유의 평균 가격은 1400원대를 넘어 3주째 사상 최고가 기록을 경신하고 있습니다. 두바이 유가 최근 하락세로 돌아섰다고 하지만 일주일 정도의 시차를 감안하면 이번 주 국내 휘발유 값은 다시 오를 가능성이 높습니다.	**본문** ／ 기자 리포트
[없음]	정리

역피라미드형은 핵심적인 내용으로 시작해 주변적인 내용으로 끝을 맺는 구성 유형이다. 따라서 기사의 가장 핵심적인 내용은 도입부나 본문의 초입에 놓이며 이 경우 기사는 두괄식으로 구성된다. 기사의 핵심적인 내용을 먼저 이해시킨 후 이에 대해 상세화하면서 전달할 수 있는 유형이다. 그러나 관심과 흥미를 유발하지 못하고 다소 딱딱하게 들릴 수 있다.

다음 기사문을 보면 기자 리포트의 도입부는 '거짓 신고'라는 핵심적인 내용을 제시하고 있으며 본문에서는 이에 대해 자세히 풀어나가고 있다. 핵심적인 내용을 먼저 제시하고 이를 상세화하는 역피라미드형을 사용했다.

탈주범 경찰 우롱	제목
청송감호소 탈주범 이낙성 씨가 지난 주말 강화도에서 전화를 걸었다는 신고가 들어와 경찰이 강화도 일대에서 모든 차량을 세우고 집중적인 검문검색을 벌였는데 이 신고는 허위사실이었던 것으로 드러났습니다. ○○○ 기자입니다.	앵커멘트
① 탈주범 이낙성 씨가 강화도에서 전화를 걸었다는 신고는 거짓말이었습니다.	**도입** ／ 기자 리포트

감호소 동기인 44살 김모 씨는 지난 9일, 휴대전화에 부재중전화가 세 통와 있는데 탈주범 이씨로부터 온 것 같다면서 교도관들에게 신고했습니다. 하지만 경찰수사 결과 이 전화는 김씨가 강화도에 사는 자신의 친구를 시켜 공중전화로 걸게 한 것으로 밝혀졌습니다. 김씨는 경찰에서 자신에게 이씨의 행방을 캐묻는 교도관들을 골탕 먹이기 위해 장난을 쳤다고 털어놨습니다. "교도관들이 자기를 조사하니까 그걸 모면하려고 허위제보했다." 허위신고에 속은 경찰은 400여 명을 동원해 주말 내내 강화대교와 초지대교 등에서 검문검색을 벌이고, 인근 야산을 집중 수색하는 소동을 벌였습니다. 이 때문에 주말 강화도 일대 도로가 크게 막혀 강화 주민과 관광객들이 큰 불편을 겪었습니다. "신원 확인하고 트렁크 다 열어보고, 시내에서 여기까지 2킬로미터 나가는데 두 시간 걸렸다더라." 결국 도피 닷새째인 이씨의 행방은 다시 묘연해졌는데, 경찰은 허위신고를 한 김씨가 탈주범 이씨를 빼돌리기 위해 허위신고를 했을 가능성도 있다고 보고 추궁하고 있습니다.	본문 기자 리포트
[없음]	정리

다이아몬드형은 처음과 끝에는 주변적인 내용을 쓰고 기사의 중간에 핵심적인 내용을 쓰는 유형이다. 기사의 핵심 내용이 어디에 있는지 파악하기 어렵기 때문에 바람직한 유형은 아니다.

다음을 보면 도입부는 개별적인 사례로 길게 시작하고 있으며 핵심적인 내용은 기사 본문에 짧게 제시되고 있다. 또한 핵심 내용 ① 이하에서는 주변적인 사례가 계속되고 있다. 따라서 이 예시는 핵심적인 내용이 중간에 제시된 다이아몬드형으로 볼 수 있다. 그러나 이 방식은 효율적인 방식이 아닐 뿐 아니라 예시를 보더라도 기사의 후반부에 통일성을 깨뜨리는 내용이 덧붙을 수 있으므로 피하는 것이 좋다.

외국 자본 세무 조사	제목
다음 소식입니다. 론스타와 칼라일과 같은 외국계 대형 펀드에 대해서 국세청이 세무조사에 착수했습니다. 막대한 차익을 얻는 과정에서 탈세가 없었는지 알아보기 위해서입니다. ○○○ 기자가 보도합니다.	앵커멘트

외국계 펀드인 론스타는 지난해 12월 국내 최대의 사무용 빌딩인 서울 강남의 스타타워를 싱가포르 투자청에 팔았습니다. 하지만 부동산이 아닌 주식 매각 형태로 건물을 팔아 2천억 원이 넘는 양도차익에 대해 세금을 내지 않았습니다. 또 다른 외국계 펀드인 칼라일은 지난해 한미은행 지분을 시티그룹에 매각해 7천억 원의 막대한 차익을 올렸습니다. 칼라일은 조세회피지역인 케이만군도의 법인을 등록하는 방법으로 역시 우리나라에서는 세금을 내지 않았습니다.	도입	기자 리포트
① 이들 외국계 펀드에 대해 국세청의 세무조사가 시작됐습니다. "잘잘못을 떠나서, 세무 조사를 받는다는 것 자체가 부담스러운 거죠." 최근 제일은행을 매각해 1조 1천억 원이 넘는 차액을 챙긴 외국계 펀드 뉴브리지는 아직 차액 실현이 이루어지지 않아 일단 이번 조사대상에서는 제외된 것으로 알려졌습니다. 국세청은 세금 탈루와 관련된 사항이 있다면 내외국인을 가리지 않고 조사한다는 원칙을 강조하고 있습니다. "국제 자본의 경우에도 부당한 이익을 취했다거나 하는 경우에는 이것을 검증해 보는 것이 우리 국세청의 당연한 임무이자 책임이라고…" 외국계 펀드에 대한 세무조사가 외국인들의 투자심리를 위축시킬 것이라는 우려 속에 오늘 종합주가지수는 27포인트 넘게 내렸습니다.	본문	
하지만 외국인들은 오늘 900억 원 가까이 주식을 사들인 것으로 나타나 세무조사가 주식시장에 미친 영향은 매우 제한적이었던 것으로 해석됩니다.	정리	

　　모래시계형은 핵심적인 내용을 처음과 끝에 쓰고 중간에는 주변적인 내용을 쓰는 유형이다. 역피라미드형처럼 앞부분에 핵심적인 내용을 제시한 후 마지막 부분에서 다시 강조하는 유형이다. 이 경우 기사는 주로 양괄식으로 구

성된다. 동일한 내용이 반복되면 경제성이 떨어질 수 있으나 전달하고자 하는 내용을 명확히 각인시킬 수 있는 유형이다.

다음 예의 도입부 ①에서는 '여전한 부러움의 대상'으로, 정리부 ②에서는 '여전한 믿음의 대상'으로 서술하고 있는데 이는 강남에 대한 높은 선호도를 주제와 관련해 핵심적인 내용이다. 핵심적인 내용을 처음과 끝에 배치해 전달 효과를 높이고 있다.

그래도 강남으로 간다	제목	
대학 입시에서 내신 비중이 높아졌는데도 서울 강남지역 고등학교의 선호도 꺾이지 않고 있습니다. 지난해 전학한 중3 학생들 가운데는 강남 전입 학생들이 가장 많았습니다. ○○○ 기자입니다.	앵커멘트	
① 비교적 교육 환경이 좋다고 평가받는 서울 목동지역 학생들에게도 강남은 여전히 부러움의 대상입니다.	도입	기자 리포트
"강남은 좋은 대학 많이 간다더라." "같은 등급이면 강남이 더 유리" 실제로 작년 1년 동안 중3 자녀를 강남구와 서초구의 고교에 진학시키기 위해 주소지를 바꾼 사람은 1350여 명이나 됐습니다. 서울 전체에서 이사한 중3 학생 4780여 명 가운데 29퍼센트로, 서울 시내 11개 지역교육청에서도 가장 높은 수치입니다. 강남지역 중3 학생 10명 가운데 1명은 다른 지역에서 이사를 온 셈입니다. 강남구와 서초구의 명문고교에 진학하기 위해 위장 전입했디 적발된 학생들도 50명이나 났습니다. "우수한 학생들이 집중되면 내신 성적이 불리할 수가 있는데도 강남에서 교육받는 게 더 좋다고 생각하는 것 같다." 반면 서울 강북의 동대문구와 중랑구로 이사해 전학한 중3 학생은 단 한 명도 없었습니다.	본문	
② 서울 강남에서 고등학교를 졸업하면 대학 진학에 유리할 것이란 맹목적인 믿음은 아직도 계속되는 것으로 보입니다.	정리	

2 도입부 작성법

도입부는 기자 리포트의 맨 앞부분이므로 도입부를 잘 써야 시청자의 관심을 끌 수 있다. 따라서 여러 원칙들을 철저하게 반영하고 목적에 맞는 유형을 적절하게 선택해 써야 한다.

(1) 도입부의 목적

도입부는 관심과 흥미를 유발하고 내용을 압축적으로 제시하기 위해 쓴다. 먼저, 이어질 뉴스 본문의 내용에 시청자들이 관심을 집중하거나 흥미를 느끼게 하기 위한 도입부는 다음과 같다.

물가가 많이 올랐음을 전달하는 기사 내용의 처음 부분에서 시청자들이 체감할 수 있는 구체적인 예를 들어 내용 전달에 도움이 되며 흥미 유발의 효과가 있는 도입부다.

> 할인 매장 과일 코너입니다. 사과, 배, 딸기, 수박 등에는 손님들의 발길이 거의 끊겼습니다. 딸기 한 꾸러미에 7000원, 자그마한 수박 한 개에 16000원, 사과 세 개에 8000원, 발길이 가기는 아무래도 어렵습니다.

다음으로, 기사의 핵심적인 내용을 압축해 기사 전체의 내용을 대략적으로 이해시키기 위해서 도입부를 쓰기도 하는데 그 예는 다음과 같다. 사건 보도의 도입부에서 사건의 핵심적인 내용을 육하원칙에 의거해 압축적으로 제시하고 있다.

> 오늘 오후 3시 10분 서울 동부지법 제3호 법정에서 불구속 상태로 재판을 받던 쉰 살 황모 씨가 증인으로 나온 부인 쉰한 살 반모 씨를 흉기로 찔렀습니다.

(2) 도입부 작성의 원칙

도입부 역시 통일성, 긴밀성, 완결성이 잘 갖추어져야 하는데 이 원칙이 제대로 지켜지지 않은 예를 살펴보면 다음과 같다. 먼저, 통일성이 지켜지지 않아 불일치 오류가 나타난 예다.

영광보다는 빛이 많다	제목	
세계 최초로 암 전이세포를 규명한 서울대 젊은 여교수의 개가, 어제 보도해 드렸는데 연구 결과도 대단하지만 이 교수가 열악한 연구 환경을 극복한 과정 또한 격려와 큰 박수를 받을 만합니다. ○○○ 기자가 보도합니다.	앵커멘트	
① 96년 석사 학위 취득, 99년엔 박사를 마치고 이듬해 도미, 2002년 캘리포니아 주립대에 연구교수로 취임, 다음해 서울대 조교수로 임용, 그리고 1년 반 만에 세계 최초로 암전이 억제 유전자 규명.	도입	기자 리포트
백 교수의 행보는 그야말로 파죽지세였지만 그 과정은 가시밭길이었습니다. 연구비가 없어 전전긍긍해야하는 열악한 여건은 처음부터 백 교수를 좌절시켰습니다. "처음에 연구비를 조달하는 게 너무 힘들었어요. 신임교수면 3년 정도는 마음껏 연구를 할 수 있게 해주는데…" 수십만 원씩 하는 항체를 조달하지 못해 몇 주씩 기다려야 했습니다. "미국에서는 하루 이틀이면 올 것이 3주… 이렇게 걸리니까… 그런 부분의 지원이 좀 있어야…" 그러나 백 교수는 특유의 끈기와 여유로 모든 것을 극복했습니다. "교수님이 계속 격려해주시고… 우리는 할 수 있다고 계속 자신감을 주셔서 끝까지 할 수 있어…"	본문	
이제 과학계의 샛별로 떠오른 백 교수. 하지만 아직도 열악하기만 한 우리 연구 환경에 유망한 제자들을 외국에 빼앗길 거라는 걱정이 앞섭니다.	정리	

도입부는 기사 전체의 주제는 물론 제목, 앵커멘트, 기자 리포트의 다른 부분과 통일성을 갖추어야 한다. 그런데 이 기사문의 도입부 내용은 본문 내용과 직접적인 관련이 없다. 백 교수의 열악한 연구 환경을 보여줌으로써 본문의 내용을 유추하게 하는 도입이 더 적절하다.

다음은 긴밀성이 지켜지지 않아 중복 오류가 나타난 예다.

네티즌 분노	제목
① 어제(12일) 보도로 어린이집 원장이 초등학생 자매를 폭행한 사건이 알려지면서 시민들의 분노가 빗발치고 있습니다. 시민들은 어린이들을 때린 원장은 물론 초등학교 담당 교사도 엄중하게 처벌하라고 요구하고 있습니다. 보도에 ○○○ 기자입니다.	앵커멘트
② 자신이 다니던 어린이집 원장에게 폭행을 당한 10살과 9살 홍모 양 자매. 폭행 사실이 알려지고 폭행당한 아이들의 사진이 인터넷에 떠돌면서 시민들의 비난이 거세지고 있습니다.	도입 / 기자 리포트
해당 경찰서 인터넷 홈페이지 등에는 자매를 때린 원장의 구속 수사를 요구하는 글이 수천 건 쏟아졌습니다. 또 사건 직후 아이들을 때리지 않겠다는 원장의 각서는 받았지만 신고 의무를 지키지 않은 담임 교사도 처벌하라는 항의도 빗발쳤습니다. 경찰은 원장이 1년 동안 자매를 때린 횟수가 8차례로 상습으로 보기에 무리가 있고 다른 폭행 사건과의 형평성을 들어 불구속 처분을 번복할 수 없다는 입장입니다. "눈 주위에 멍이 든 것이 있는데 멍은 나무막대로 머리를 맞은 것이 내려와서 그런 것인데 가혹행위로 보기 어렵고…" 또 피해 자매의 어머니가 처벌을 원하지 않아 교사에 대한 수사도 어렵다고 밝히고 있습니다.	본문
[없음]	정리

도입부는 기사 전체의 주제는 물론 제목, 앵커멘트, 기자 리포트의 다른 부

분과 긴밀하게 연결되어야 한다. 그런데 이 예에서는 앵커멘트의 ①부분과 도입부의 ②부분이 중복되고 있다. 통상 앵커멘트를 나중에 쓰므로 앵커멘트가 기자 리포트와 중복되지 않도록 써야 한다.

마지막으로 완결성이 지켜지지 않은 예다.

지하철 또 섰다	제목	
시민의 발이라는 지하철이, 지금이 4월인데 올해 들어서만 벌써 몇 번째 멈춰서는지 모르겠습니다. 오늘 퇴근길에도 서울 지하철 1호선이 한 시간 동안이나 멈춰 시민들이 큰 불편을 겪었습니다. ○○○ 기자입니다.	앵커멘트	
[없음]	도입	기자 리포트
오늘 오후 5시쯤 서울 지하철 1호선 남영역과 용산역 사이 열차 선로에 전력 공급이 끊어졌습니다. 이 사고로 두 역 사이에 있던 청량리발 전동차가 멈춰 섰습니다. 15분 뒤 전력이 다시 공급돼 열차 운행이 재개됐지만 이번에는 남영역에 서 있던 열차가 고장 나 버렸습니다. "한 시간 동안 열차 기다리며 서있었다." 이 때문에 남영역에서 종착역인 의정부북부역까지 지하철 1호선의 운행이 한 시간 동안 지연됐습니다. 그러나 7시쯤 열차 운행이 재개된 뒤에도 청량리역과 제기역 사이의 송전 장치가 또 고장 나는 사고가 발생했고, 제기역 방향 전동차가 다시 5분간 멈춰 섰습니다. 퇴근길의 잇따른 사고에 대해 철도공사는 순간적으로 전력에 과부하가 걸렸다고 밝혔을 뿐, 아직까지 정확한 사고 원인을 찾지 못하고 있습니다.	본문	기자 리포트
올해 들어 출퇴근길에 30분 이상 운행이 지연된 지하철 사고만 벌써 다섯 번째, 시민의 발이란 말이 무색해지고 있습니다. MBC 뉴스 ○○○입니다.	정리	

도입부는 시청자가 본문에 자연스럽게 몰입할 수 있도록 하는 부분이므로 적당한 유형으로 써주는 것이 좋다. 그런데 위의 예에는 도입부가 없다. '지하

철 이용객이 가장 많은 출퇴근 시간에 운행이 지연되는 사고가 빈번하게 발생하고 있습니다. 오늘도 퇴근 시간에 지하철이 멈춰서는 사고가 발생했습니다'와 같은 도입부를 쓰는 것이 좋다.

(3) 도입부의 유형

도입부의 유형에는 요지형, 발췌형, 유추형이 있다. 요지형은 기사의 핵심적인 내용을 압축해 제시하는 유형이다. 역피라미드식 구성에서 기사 전체의 내용을 먼저 전달하고 상세화하기 위해서 주로 사용한다.

> 지난 2003년 도로, 철도, 항공 등 전 분야에서 발생한 교통사고 피해를 화폐 가치로 환산한 결과 15조 5천억 원에 달했습니다.

> 오늘 아침 인천과 광주, 군산 등 서해안과 호남 지방에서는 올 들어 세 번째 황사 현상이 발생했습니다. 건강한 사람들은 느끼기조차 힘든 약한 황사였지만 병원은 오전부터 천식 환자들로 붐볐습니다.

발췌형은 기사의 내용 중에서 관심을 끌 만한 부분이나 가장 중요한 부분을 따로 떼어 앞에 제시하는 방식이다. 피라미드식 구성에서 주변적이지만 흥미로운 한 부분을 먼저 제시할 때 사용한다.

> 독일 공영방송 ARD는 마사코 황태자비 친구들의 말을 인용해 1년 반 전부터 정신질환을 앓고 있는 황태자비가 그동안 여러 차례 자살할 위험이 있었다고 보도했습니다.

> 시사저널 최신호는 김형욱 전 중앙정보부장이 26년 전 프랑스 파리 근처에서 당시 중앙정보부 특수비선공작원 이모 씨에 의해 살해됐다고 보도했습니다.

유추형은 보도 내용과 직접적인 관련은 없지만 본문의 내용을 자연스럽게 유추할 수 있도록 하는 유형이다. 다소 흥미가 떨어질 수 있는 기사에 유용하게 사용할 수 있다.

> 서울 시내의 한 어린이집입니다. 화재 같은 비상 상황에 대비해 2층 옥상에서부터 지상으로 바로 내려올 수 있는 미끄럼틀이 설치돼 있습니다. 바깥으로 통하는 비상구와 통로도 여러 곳에 마련했습니다.

> 할인 매장 과일 코넙니다. 사과, 배, 딸기, 수박 등에는 손님들의 발길이 거의 끊겼습니다. 딸기 한 꾸러미에 7000원, 자그마한 수박 한 개에 16000원, 사과 세 개에 8000원, 발길이 가기는 아무래도 어렵습니다.

3 본문 작성법

본문은 있는 그대로의 사실을 전달하거나 사실에 대한 해설을 하기 위한 부분이다. 또한 사실에 대해 논평을 하기도 하고 특정 사안에 대해 주장을 펼치기도 한다. 본문 역시 기사 작성의 원칙을 철저하게 지키며 적절한 유형을 선택해서 써야 한다. 본문에서도 통일성, 긴밀성, 완결성이 잘 지켜져야 한다.

(1) 본문 작성의 원칙

먼저 통일성이 지켜지지 않아 불일치 오류가 나타난 예는 다음과 같다.

서울시 국제 도시 비교	제목
서울은 안전한 도시일까요? 작년 서울의 안전도와 문화 수준을 외국의 대도시들과 비교한 결과, 서울의 수준이 크게 떨어지는 것으로 나타났습니다. ○○○ 기자입니다.	앵커멘트
"일찍 들어오라고 해요. 택시도 타지 말고…." "안전하긴 뭐가 안전해요. 딸이 둘인데 빨리 들어오라고 하죠."	도입
살인, 강도 등 2003년 서울의 5대 강력 범죄 건수는 14만 4000여 건. 인구가 비슷한 뉴욕이나 북경보다 각각 1.5배와 1.7배, 런던보다는 2배 가까이 높았습니다. 교통사고는 한 해 4만여 건으로 자동차 1만 대당 145건이 발생해 다른 도시와 비슷했지만 대형 사고로 인한 사망자 수는 2배 가까이 높았습니다. 반면 문화 시설은 열악해 도서관과 미술관 수는 뉴욕의 1/3 수준에 불과했습니다. ① 서울 내부적으로는 강남과 다른 지역 간의 학력과 소득 격차가 여전히 심각한 것으로 나타났습니다. 서울 동남권인 강남·서초·송파 지역의 가구주 학력은 4년제 대졸 이상이 36.1퍼센트로 20퍼센트 초반에 그친 다른 지역보다 높았습니다. 이 같은 학력차는 소득 격차로 나타나 월소득 400만 원 이상 가구 비율도 동남권이 20.1퍼센트로 다른 지역의 2배 수준이었습니다. MBC 뉴스 ○○○입니다.	본문
[없음]	정리

(우측 세로 병합 칸: 기자 리포트)

본문의 모든 내용은 주제, 제목, 앵커멘트가 정리와 통일성을 유지해야 한다. 그렇지 않을 경우 불일치의 문제가 발생한다. 위의 앵커멘트 및 도입부를 보면 이 기사는 서울과 다른 국제 도시와의 비교에 대한 것으로 보인다.

따라서 본문 ① 부분의 서울 내부의 학력, 소득 격차에 대한 내용은 기사와 관계가 없다.

　다음은 긴밀성이 지켜지지 않은 예다.

경제 자신감 반영	제목	
소규모 집회도 보기 힘든 중국에서 연일 대규모 반일 시위가 이어지고 있습니다. 그 원인과 배경을 베이징 ○○○ 특파원이 짚어봤습니다.	앵커멘트	
[없음]	도입	기자 리포트
① 일본은 최근 발생한 중국 내 시위가 일본인의 생명과 재산을 위협하고 있다며 사과를 요구했습니다. ② 하지만 중국 외교부는 오늘(11일) 일본의 이런 요구를 일축했습니다. ③ 일본이 과거사를 속죄하지 않아서 생긴 일이기 때문에 중국은 책임이 없다는 겁니다. 예전에는 보기 힘든 일본에 대한 강하고 당당한 태돕니다. 이런 배경에는 연 8퍼센트 이상의 초고속 경제성장이 자리 잡고 있습니다. "중국은 지난 10년간의 발전으로 변했다. 옛날에 형성된 중일간의 후진국 선진국 관계 반드시 조정해야…" 이번 반일 시위는 베이징 대학 등 대학생들이 인터넷을 통해 불을 붙였습니다. ④ 젊은층의 정치참여 욕구가 인터넷을 통한 정보 교환과 반일 시위라는 형식을 통해 대규모 시위로 연결됐다는 분석입니다. "이번 시위가 우리 국가와 우리 마음의 소리를 대표한다." ⑤ 하지만 중국 언론들은 연일 일어나고 있는 대규모 시위를 전혀 다루지 않고 있습니다. 청년들의 시위가 자칫 정부를 향한 정치적 시위로 변하지 않을까 하는 중국 정부의 고민을 나타내는 부분입니다. 따라서 반일을 통한 정치적 참여라는 중국 청년들의 대규모 시위는 중국 정부에겐 양날의 칼이나 다름없습니다.	본문	
[없음]	정리	

본문의 모든 내용은 앵커멘트나 도입부와 긴밀한 관계를 갖도록 해야 한다. 이를 위해 각 문장 간의 시간적·인과적·논리적 순서가 명확해야 하고 자막, 그래픽, 인터뷰, 인용 등의 요소와 긴밀히 연결되어야 한다.

그런데 앞의 본문은 '① 일본 측 요구, ② 중국 측 반응, ③ 반응의 배경, ④ 시위의 배경, ⑤ 언론의 태도' 등의 테마로 되어 있다. 이것들의 선후 관계나 인과 관계가 정리되지 않아 기사의 내용이 쉽게 귀에 들어오지 않는다. '시위의 모습, 시위의 배경, 일본 측 요구, 중국 측 반응, 반응의 배경, 언론의 태도' 정도로 인과 관계에 따라 정리하는 것이 좋다.

마지막으로 완결성이 지켜지지 않은 예는 다음과 같다.

재건축 잡는다	제목
정부의 각종 규제에도 불구하고 올 들어 서울 강남권 재건축 아파트의 가격 오름세가 심상치 않습니다. 정부가 부실 안전진단에 대해 직권조사에 나서는 한편 초고층 재건축을 절대로 허용하지 않겠다고 밝혔습니다. ○○○ 기자입니다.	앵커멘트
[없음]	도입
한 건설업체가 만든 압구정·청담지구의 재건축 가상 모델입니다. 초고층 아파트 단지에 골프장과 수영장, 야외공연장이 함께 들어섭니다. "재건축 기대감이 최고조, 35평이 두 달 사이에 1억 5천이나 올랐다." 재건축 대상 아파트는 개발이익 환수제 적용 여부와 큰 상관없이 상승세를 타고 있습니다. 실제로 연초 대비 서울 전체 상승률이 4퍼센트도 채 안 되지만 강남권 재건축 단지들은 10퍼센트 안팎을 기록했습니다. "어쩌다가 한두 개 높게 팔린 아파트값이 나머지 가격을 주도하는 이상 형국이다." ① 정부도 재건축 아파트 시세가 불안한 양상을 보이고 있다고 인정했습니다. 하지만 이 같은 중층 아파트 단지들은 상당 기간 재건축 추진이 불가능	본문 / 기자 리포트

할 전망입니다. 이 아파트 단지들은 안전진단조차 통과하기 힘들다고 정부는 밝혔습니다. 정부는 부실 안전진단에 대해선 직권조사를 실시하고 초고층 재건축은 절대 불허할 방침입니다. ② "현행법으로도 재건축 중지시킬 수 있다."	본문 / 기자 리포트
그러나 강남아파트는 여전히 수요보다 공급이 부족한 상황이어서 대책의 장기적 효과에 대한 의문은 여전히 남아있습니다.	정리

본문은 설정된 주제를 이해하는 데 충분한 정보를 제공해야 한다. 그렇지 못한 경우 완결성이 부족한 기사가 된다. 위 기사의 본문을 보면 정부 안전진단의 내용이 무엇인지, 왜 통과하기가 힘든지, 그리고 초고층 재건축과 중층 재건축에는 각각 어떠한 기준이 적용되는지 등에 대한 정부 시책 내용이 설득력 있게 제시되고 있지 않다. 이러한 내용이 충실히 제시되어야 기사의 전달력이 높아진다.

상이한 反日	제목
일본의 행태에 한국과 중국은 모두 분노를 느끼고 있지만 두 나라 국민이 대응하는 모습에는 적잖은 차이가 보입니다. ○○○ 기자가 분석했습니다.	앵커멘트
[없음]	도입
지난 10일 중국 광저우와 선전에서 벌어진 대규모 반일 시위입니다. 시위 군중 2만여 명 대부분이 젊은 학생입니다. 시위대는 일본계 백화점과 소니 대리점에 발길질 세례를 퍼붓고 일본 식당의 간판을 부숩니다. 반면 우리나라에서 벌어지는 반일 집회는 대부분 시민단체 중심이고 연령층도 중년 이상입니다. 분신과 단지 사건과 같은 극단적인 표현방식에 대한 정서적 거부감이 강해지면서 과격 시위도 줄어들었습니다. 즉 중국과 같은 대규모 시위나 폭력 양상이 빚어지지 않고 있다는 것입니다.	기자 리포트 / 본문

"반일 감정이 없는 것이 아니라 그것을 표현하는 데 있어서 인터넷을 통해서 의견을 공유한다든지 일본 제품 구입을 덜 하는 식으로 개별적으로 행동을 보이는 것 같아요." 독도를 시마네 현의 부속 도서라고 정의한 일본 카시오 사의 전자사전은 인터넷을 통한 젊은이들의 조용한 불매운동으로 직격탄을 맞았습니다. 결국 인터넷을 통한 의사표시가 활발하다는 것입니다. 일본 정부의 대응도 다릅니다. 일본 정부가 중국의 폭력 반일 시위에 대해 강력한 항의를 한 데에는 중국 당국이 이를 방관하고 있다는 의구심도 깔고 있기 때문입니다.	본문 / 기자 리포트
[없음]	정리

위의 기사는 한국과 중국의 반일 방식이 다르다는 내용인데, 두 국가의 모습이 병렬적으로 배치된 다음 일본 정부의 대응에 관한 이야기로 급작스럽게 전환되면서 기사를 끝맺고 있다. 일본 정부의 대응이 한국의 경우에는 어떤지, 구체적으로 어떻게 다른지에 대한 언급도 없다.

(2) 본문의 유형

본문을 쓰는 방식에는 직렬형, 병렬형, 복합형이 있다. 직렬형은 주요 부분을 시간적 순서에 의해 배치하거나 인과적 순서에 의해 배치하는 유형이다. 시간적 순서가 흐트러지거나 인과 관계가 뒤바뀌지 않도록 유의해야 한다. 아래의 기사에서는 사건을 시간적 순서에 따라 나열하였다.

지하철 또 섰다	제목
시민의 발이라는 지하철이 지금이 4월인데, 올해 들어서만 벌써 몇 번째 멈춰서는지 모르겠습니다. 오늘 퇴근길에도 서울 지하철 1호선이 한 시간 동안이나 멈춰 시민들이 큰 불편을 겪었습니다. ○○○ 기자입니다.	앵커멘트

[없음]	
오늘 오후 5시쯤 서울 지하철 1호선 남영역과 용산역 사이 열차 선로에 전력 공급이 끊어졌습니다. 이 사고로 두 역 사이에 있던 청량리발 전동차가 멈춰 섰습니다. 15분 뒤 전력이 다시 공급돼 열차 운행이 재개됐지만 이번에는 남영역에 서 있던 열차가 고장 나 버렸습니다. "한 시간 동안 열차 기다리며 서있었다." 이 때문에 남영역에서 종착역인 의정부북부역까지 지하철 1호선의 운행이 한 시간 동안 지연됐습니다. 그러나 7시쯤 열차 운행이 재개된 뒤에도 청량리역과 제기역 사이의 송전 장치가 또 고장 나는 사고가 발생했고, 제기역 방향 전동차가 다시 5분간 멈춰 섰습니다. 퇴근길의 잇따른 사고에 대해 철도공사는 순간적으로 전력에 과부하가 걸렸다고 밝혔을 뿐, 아직까지 정확한 사고 원인을 찾지 못하고 있습니다.	본문 / 기자 리포트
올해 들어 출퇴근길에 30분 이상 운행이 지연된 지하철 사고만 벌써 다섯 번째, 시민의 발이란 말이 무색해지고 있습니다. MBC 뉴스 ○○○입니다.	정리

병렬형은 주요 부분을 공간적 순서에 의해 배치하거나 적절한 분류 기준에 따른 분류 항목을 나란히 배치하는 유형이다. 아래 기사에서는 반일 시위의 여파를 공간을 달리해 차례대로 보여주고 있다.

반일 시위 격화	제목
중국에서 반일 시위가 확산되면서 중국 내 일본인들이 바짝 긴장하고 있습니다. 테러가 두려워서 외부 출입도 제대로 하지 못합니다. 베이징, ○○○ 특파원입니다.	앵커멘트
[없음]	도입 / 기자 리포트
평소 일본 손님들이 북적이던 식당입니다. 여기는 반일 시위의 표적이 돼 지	본문

난 토요일 시위대가 던진 돌에 유리창이 많이 깨졌습니다. 영업을 다시 시작했지만 일본인 사장은 온데간데 없고 일본 손님들의 발길도 뚝 끊겼습니다. "사장님 계시나?" "안 계신다. 일이 있어서 나갔다." "지금 손님 있나?" "손님 없다." 또 다른 일본 식당은 성난 시위대가 식당 내부로 들어와 닥치는 대로 깨뜨렸습니다. 앞으로 나흘 뒤 영업을 다시 시작할 계획이지만 여전히 공포에 시달리고 있습니다. "시위할 때 길거리 상가를 부수고 빼앗는데 이것은 우리 음식점만의 문제가 아니다. 두렵다." 많은 일본 사람들이 중국어를 배우고 있는 베이징의 유명 학원입니다. 오늘은 학원생들이 눈에 띄게 줄었습니다. "지금 학원에 일본 사람들이 절반 줄었다. 시위 영향을 받은 것 같다." 학원 측은 반일 감정이 가라앉혀야 정상적인 출석이 가능할 것으로 내다봤습니다.	본문 기자 리포트
중국 내 반일 감정이 날로 높아지면서 일본 대사관 측은 일본 교민들이 테러를 당하지 않을까 더욱 긴장하고 있습니다. 베이징에서 MBC 뉴스 ○○○입니다.	정리

또한 이 두 가지 방식이 복합된 복합형도 있다. 대부분의 기사들은 직렬형과 병렬형이 복합되는데 이 경우에는 각각의 유형에서 지켜져야 하는 원칙이 보다 철저하게 지켜져야 한다.

4 정리부 작성법

정리부는 기사 전체의 내용을 요약하고 기사의 내용과 관련된 내용을 덧붙일 때 사용한다. 또한 기자의 해석, 전망 등을 덧붙일 때도 사용한다.

(1) 정리부 작성의 원칙

정리부 역시 통일성, 긴밀성, 완결성이 지켜져야 한다. 먼저 통일성이 지켜지지 않은 예는 다음과 같다.

중일 에너지 전쟁	제목
중국의 반응, 어떻게 나올지 궁금합니다. 또 일본이 어제 동중국해의 가스전 시굴 허가를 일본 업자들에게 내주면서 중일 갈등 양상은 하루가 다르게 악화되고 있습니다. 중국에선 이번 주말 대규모 반일 시위가 벌어집니다.	앵커멘트
중국의 경고에도 불구하고 일본이 40년 동안 자제해왔던 동중국해의 가스전 시굴권 허가를 내주겠다는 방침을 밝히자 중국이 "중대한 도발"이란 초강경 입장을 내놨습니다. "일본의 조치는 중국의 권익과 국제 규범에 대한 중대한 도발이다."	도입
동중국해 춘샤오 가스전은 중국과 일본이 각각 자국의 배타적 경제수역이라고 주장하는 해역에 위치하고 있습니다. 일본은 민간업자들이 지난 40년 동안 줄기차게 시굴권을 요청했지만 대중국 관계를 고려한다며 허가는 내주지는 않았습니다. 반일 감정이 고조되는 상황에서 이번 주말 또다시 중국 전역에서 대규모 반일 시위가 예정돼 있습니다. 일본 제품 불매운동도 확산되고 있습니다. 중국의 인터넷 사이트에서는 "일본 상품 100위안, 13000원 어치를 사면 일본에 총알 10개와 왜곡 교과서 8쪽을 만들 비용을 대주는 꼴"이란 내용의 이메일과 문자메시지가 기하급수적으로 번져가고 있습니다. 어젯밤과 오늘 아침 사이 일본 방위청과 경찰청에 가해진 해커들의 집중 공격도 성난 중국 네티즌들의 행동으로 보입니다. 이런 상황 속에 미국이 일본 측을 두둔하고 나서면서 미중 간에도 긴장이 흐르기 시작했습니다. "베이징의 외국 공관에 대한 폭력 행위를 막을 책임은 중국 측에 있다." 미국의 태도는 동아시아 국가와의 관계야 어떻게 되든 신국수주의 노선을 밀고 나가는 일본 우파들에게 더 없는 원군입니다.	기자 리포트 본문

① 그러나 미일동맹 일변도인 일본 외교의 이 같은 편협함은 이미 안보리상 임이사국 진출 문제에서부터 심상치 않은 역풍을 맞고 있습니다. MBC 뉴스 ○○○입니다.	정리 / 기자 리포트

정리부의 모든 내용은 주제, 제목, 앵커멘트, 본문과 통일성을 유지해야 한다. 그렇지 않을 경우 불일치의 문제가 발생한다. 위의 기사는 중국과 일본 간의 에너지 분쟁에 대한 내용이 주를 이루고 있는데 정리부 ①의 내용은 기사 전체의 내용과 일치되지 않는다.

다음은 긴밀성이 지켜지지 않은 예다.

방생 자라 떼죽음	제목
① 상수원 보호지역과 인접한 북한강 밑바닥에서 죽은 자라떼들이 썩어가고 있습니다. 좋은 뜻으로 방생한 자라들이 수중 생태계를 위협하고 있습니다. 현장추적 ○○○ 기자입니다.	앵커멘트
청정함을 자랑하는 북한강 하류입니다. 상수원 보호지역과 인접해 있는 물속은 어떤지 들어가 봤습니다. 부유물로 한 치 앞을 분간하기 힘든 데다 각종 쓰레기만 나뒹굴고 있습니다. 특히 물이끼가 두껍게 낀 돌멩이 같은 물체들이 여기저기 눈에 띕니다. 뒤집어보니 허연 배를 드러내는 것이 바로 자라입니다.	도입
사람들이 마구잡이로 방생한 이런 자라들이 강바닥에 떼로 죽은 채 널려 있습니다. "특정 행사날 와 가지고, 무속인들과 사람들 같이 와서 방생을 하고 음식물 같이 버리고 같이 이렇게 해요, 자라 같은 거 1인당 서너 마리씩…" 자라들을 땅 위에 꺼내놓자 심한 악취가 진동합니다. "엄청나게 많습니다. 이루 셀 수 없어요. 이게 다 죽은 것들이…" "인근 주민들은 죽어 떠오르는 자라들로 몸살을 앓고 있습니다." "하루에 한 10마리씩 봐요."	기자 리포트 / 본문

본문

기자
리포트

"죽어서요?"

"네, 죽어서요. 매일 건지는데요, 우리가…"

외래종인 붉은귀거북이 토종 생태계를 파괴한다는 이유로 지난 2001년 환경부가 방생을 금지한 이후 사람들이 강에 적응하지 못하는 양식 자라를 방생하면서 생긴 현상입니다.

"평상시에 북한강, 남한강, 한탄강, 기타 전국적으로…"

이대로 놔두면 수중 생태계에 심각한 위협을 줄 수 있다는 지적입니다.

"박테리아 작용으로 분해가 되면서 유기물이 방출되고 또 그 결과 용존산소가 고갈되게 됩니다. 이런 현상들이 오랜 시간 지속이 되면 생태계를 위협하는 가능성이…"

하지만 현재 방생을 제지할 만한 규정은 어디에도 없습니다.

"양식이든 자연산이든 어떤 방생을 법으로 금지를 하고 있지는 않습니다."

② 생명을 소중하게 여긴다는 의미에서 방생되는 자라가 떼로 썩어가면서 선행의 의미를 퇴색시킬 뿐 아니라 수중 생태계까지 위협하고 있습니다. KBS 뉴스 ○○○입니다.

정리

정리의 모든 내용은 앵커멘트나 도입부, 본문과 긴밀한 관계를 갖도록 해야 한다. 위 기사의 정리부 ②는 앵커멘트 ①과 중복되는 내용이다. 앵커멘트를 다시 써야 한다. 다음 기사에서도 긴밀성이 지켜지지 않았다. 즉, 본문의 ① 부분과 정리 ② 부분 사이에 비약이 있다. 따라서 본문에 다른 문장을 더 쓰거나 정리부를 보다 적절하게 바꿀 필요가 있다.

말기 암, 남의 일?	제목
우리나라에서는 하루 175명꼴인 한 해 6만여 명이 각종 암과 싸우다 생을 마감하고 있습니다. 그 사회적 비용은 한 해 16조 원으로 추산되고 있습니다. KBS 9시뉴스는 말기 암환자 문제를 연속기획으로 짚어보겠습니다. 오늘은 첫 순서로 말기 암환자와 그 가족이 겪는 고통을 ○○○ 기자가 보도합니다.	앵커멘트

4년째 힘겹게 투병 생활을 하고 있는 이 여성 환자는 온몸을 찌르는 고통 때문에 한시도 편한 날이 없습니다. "온 마디가 다 움직일 수 없다는 것, 숨도 제대로 못 쉬면서 말로 표현을 못하겠어요, 그런 고통을…."	도입
1억 원이 넘는 치료비를 대기 위해서 남편은 퇴직금을 이미 정산했고 집마저 저당 잡히는 등 탕진 상태입니다. "월 한 500만 원씩 들어가다 보니까 그 경제적 고통이 굉장히 힘듭니다." 우리나라는 해마다 암환자가 11만 명이 발병하고 6만 4000여 명이 사망합니다. 이를 위한 사회적 비용은 16조 원대에 이르고 있습니다. 특히 의학적으로 소생이 불가능한 환자를 무한정 치료를 해야 하는 연명 치료가 크게 늘어나면서 문제가 심각해지고 있습니다. 가정의 고통도 고통이지만 보험 지급 비용의 급증 등으로 사회적·윤리적 갈등도 만만치 않습니다. 암세포가 폐에서 뇌로 전이된 이 환자 보호자도 바로 그런 고민입니다. "두 번째, 세 번째 재발돼서 언제까지 이 치료가 계속될지 여러 가지로 많이 힘듭니다." ① 말기 암환자의 고통을 환자 본인과 가족에게만 맡길 수 없다는 지적입니다.	본문 / 기자 리포트
② 정부와 사회가 적극적으로 나서서 말기 암환자의 고통을 해소하고 호스피스 확대 등의 해결책을 마련할 시점이 됐습니다. KBS 뉴스 ○○○입니다.	정리

마지막으로 완결성이 지켜지지 않은 예는 다음과 같다.

교통사고 사회적 비용 15조	제목
교통사고는 해마다 조금씩 줄고 있지만 교통사고로 인한 비용은 계속 늘고 있습니다. 한 해 15조 5천억 원으로 국내 총생산의 2퍼센트가 넘습니다. ○○○ 기자입니다.	앵커멘트

지난 2003년 도로, 철도, 항공 등 전 분야에서 발생한 교통사고 피해를 화폐 가치로 환산한 결과 15조 5천억 원에 달했습니다. 우리나라 국민총생산의 2.15퍼센트에 해당하는 비용으로 이 돈이면 인천국제공항 2개를 지을 수 있습니다.	도입
도로 교통사고 비용이 15조 1천억 원으로, 대부분을 차지하는데 자동차가 망가져서 보다는 사람이 다쳐서 드는 비용이 더 많았습니다 교통사고로 인한 사망자 수는 해마다 줄고 있다고 하지만 부상자 증가 추세는 여전해서 사고 비용은 오히려 늘어나고 있습니다. "안전띠 착용률 증가로 사망자는 줄었지만 접촉사고 늘어 비용은 증가…" 하지만 사고 한 건이 생겼을 때 드는 비용은 항공이 도로보다 32배나 높아 압도적으로 피해 규모가 컸습니다. 특히 대구지하철 화재참사 한 건의 비용은 1480억 원으로 전체 철도사고 비용의 절반이 넘었습니다.	기자 리포트 본문
[없음]	정리

정리부는 기사 전체의 내용을 마감하는 역할을 하므로 적절하게 써 주는 것이 좋다. 그런데 위의 기사는 본문에서 사례만 나열한 채 그대로 끝을 맺고 있다. 본문의 내용을 요약하거나 강조하는 내용을 쓰는 것이 좋다.

또한 다음의 기사도 완결성이 부족한 예다. 기사를 보면 인터뷰 뒤에 피해자 숫자만 제시한 채 끝을 맺고 있다. 이러한 문제에 대한 적절한 의견 등을 정리부에 써 주는 것이 좋다.

삼성 PDP 소비 전력 속여	제목
삼성전자가 요즘 인기 있는 PDP-TV를 특별 판매하면서 홍보 문구에 절전형이라며 소비 전력을 허위로 기재한 것으로 드러나 물의를 빚고 있습니다. ○○○ 기자입니다.	앵커멘트

[없음]	도입
최근 300만 원대에 특별 판매하고 있는 삼성전자의 42인치 PDP-TV입니다. 삼성은 홈페이지와 각종 쇼핑몰을 통해 이 제품의 소비 전력이 기존 PDP보다 10퍼센트나 적은 270와트라고 홍보했습니다. 그러나 막상 소비자들에게 배달된 제품에는 소비 전력이 광고보다 무려 110와트나 더 많은 380와트로 표기되어 있습니다. 110와트의 소비 전력이면 하루 6시간씩 TV를 볼 경우 1년에 10만 원 가량의 전기료가 더 나옵니다. "동료들에게 같이 구매하자고 권유하고 다녔는데 이렇게 황당한 일을 당하니 미안하고 철회시키느라 혼났다." 고객 상담실조차 270와트짜리 모델은 들어본 적이 없다고 답변합니다. "270와트가 소비되는 PDP 모델은 없어요. 한 300와트에서 이 정도가 가장 적거든요." 고객들의 항의가 이어지자 삼성 측은 오늘, 단순한 '실수'였다고 해명했습니다. "SD급하고 HD급을 착각한 것 같다. 정정해야 되는데 작업자가 실수했다." 그러나 '절전형'이라는 허위 정보를 믿고 이미 제품을 구입한 소비자는 1000명이 넘습니다. MBC 뉴스 ○○○입니다.	본문 — 기자 리포트
[없음]	정리

(2) 정리부의 유형

정리부의 유형에는 요약형, 환기형, 전망형, 해석형이 있다. 요약형은 기사 전체의 내용을 압축적으로 제시하는 유형이다. 피라미드식 구성이나 모래시계식 구성 등에서 주로 쓰인다. 다음은 요약형의 예다.

'학교 시험은 수업 시간에 집중하고, 집에서 혼자 노력한 만큼 결과가 나온다.' 학원 없이, 족보 없이, 혼자서도 잘 하는 내신 우등생들이 입을 모아 말하는 비법입니다.

예산은 부족하고, 기준은 강화되면서 점심에 빵 한 조각으로 내몰리는 학생들이 늘어가고 있습니다.

환기형은 주의나 여론, 생각 따위를 불러일으키기 위해 쓰는 유형이다. 역피라미드식 구성에서 쓰일 수 있는 방식이다.

이로써 우리의 앞선 기술에 힘입어 유럽에서도 내년 독일 월드컵 경기를 휴대전화로 볼 수 있게 됐습니다. 지금 세계는 디지털 방송의 선두로 발돋움하고 있는 우리나라를 놀라움 속에 긴장하며 지켜보고 있습니다.

올해 들어 출퇴근길에 30분 이상 운행이 지연된 지하철 사고만 벌써 다섯 번째, 시민의 발이란 말이 무색해지고 있습니다.

전망형은 예상되는 결과, 반응 등을 제시하는 방식이다. 역피라미드식 구성에서 쓰일 수 있는 방식이다.

이런 말들을 어떻게 받아들일지는 듣는 쪽의 판단입니다. 탈세로 감옥을 다녀온 뒤 택한 공직의 길이 그에게 기회일지 위기일지 기로입니다. 워싱턴에서 ○○○입니다.

중국과 타이완 정부가 서울 한복판의 땅을 놓고 맞붙는 법정 다툼에 대해, 한국 법원의 판단이 주목됩니다.

해석형은 사안에 대한 기자의 부연 설명이나 해석을 덧붙이는 방법이다. 역 피라미드식 구성에서 쓰일 수 있는 방식이다.

노 대통령은 이번 독일 방문을 통해 북한을 흔들지 않고 돕겠다는 의사를 분명히 밝힌 만큼, 이제 북한도 하루빨리 대화에 응해 핵 문제부터 풀어야 한다는 메시지를 전달한 것으로 풀이됩니다. 프랑크푸르트에서 MBC 뉴스 ○○○입니다.

일본 외무장관의 태도가 다소 바뀐 것은 한일 관계가 더 이상 악화돼서는 안 된다는 위기의식에서 나온 것으로 보입니다. 도쿄에서 ○○○입니다.

2부

뉴스 제목,

이렇게 정한다

1

뉴스 제목의 기능과 특징은?

 방송 뉴스에서 제목을 어떻게 정해야 하는지의 문제는 거의 관심을 끌지 못했던 분야다. 그동안 진행된 방송 언어 관련 연구에서도 뉴스 제목에 대한 진지한 연구 성과는 찾아보기가 어려웠다. 뉴스에서 제목이 차지하는 비중이 상대적으로 적은 것이 그 이유인 것 같다.

 텔레비전 방송 뉴스에서 큰 비중을 차지하는 부분은 기자가 전달하는 보도문의 내용과 화면의 구성이다. 그 밖에 제목이나 자막, 앵커멘트 등은 보도 내용을 시청자들에게 더 잘 전달하기 위한 보조 장치로써, 비교적 덜 중요한 것으로 취급되어 왔다.

 특히 뉴스 제목은 앵커멘트의 등장과 함께 화면의 어깨걸이 자막 형태로 제시되는데, 시청자들에게 노출되는 시간은 약 10초 정도이며 길어도 15초를 넘지 않는다. 문장 길이에도 제약이 있어서 대개 여덟 자를 넘지 않는 것이 일반적이다.

 그러나 방송 뉴스의 제목이 독립적 구성물이 아니고 글자 수와 노출 시간 등의 제약이 있다고 해서 중요하지 않다고 말할 수는 없다. 제목은 뉴스의 도입부로서 전체 보도 내용의 인상을 결정짓는 역할을 하기 때문이다. 잘못된 제목은 시청자들이 뉴스를 이해하는 데 혼란을 주고 나아가 해당 뉴스와 매체에 대한 신뢰도를 떨어뜨린다. 불친절한 제목은 뉴스에 대한 흥미를 저하시키기도 한다.

방송 뉴스에서 제목의 기능은 대체로 두 가지로 정리된다. 첫째는 시청자들이 기사 내용을 이해할 수 있도록 간략하게 소개해 주는 것이다. 둘째는 호기심을 자극해 그 내용을 시청하고 싶도록 시청자를 유인하는 것이다.

그래서 보도문의 제목을 정하는 일은 종종 상품을 포장하는 일에 비유된다. 정성 들여 취재한 내용을 잘 포장함으로써 시청자들의 이해를 돕고 해당 기사를 돋보이게 하는 것이 제목의 역할이기 때문이다.

제목이 이러한 역할을 한다는 데에는 대부분 동의하지만 막상 어떤 제목이 그러한 목적에 부합하는지, 그러한 제목을 만들기 위해서는 어떤 과정을 거쳐야 하는지에 대해서는 명확하게 제시된 지침이 없다.

여기서는 좋은 뉴스 제목이란 어떤 것인지 뉴스 제목의 특징 및 기능과 관련해 살펴보고, 그런 제목을 만들기 위해서는 어떤 점을 고려해야 하는지 알아보고자 한다.

2 제목을 정할 때의 유의 사항 1

1 중요한 정보를 빠뜨리지 않는다

당연한 이야기지만 제목은 전체 기사 내용을 대표하는 것이므로 기사 내용 중 가장 중요한 정보를 빠뜨려서는 안 된다. 그러나 실제로는 문장을 짧게 압축하는 과정에서 제목에 반드시 들어가야 할 핵심 정보가 누락되는 경우가 종종 있다. 그런 경우 시청자들은 기사의 내용을 예측하기가 어렵고, 때로는 전혀 다른 내용으로 오해할 수도 있다.

독립 운동 당연 (MBC) ➔ "김일성도 독립 운동" (KBS) "독립 운동 인정해야"

기사 내용 | 강만길 광복 60주년 기념사업 추진위원장이 북한 김일성 주석의 항일 운동은 역사적 사실인 만큼 그의 항일 투쟁을 당연히 독립 운동으로 인정해야 한다는, 평소 자신의 학문적 견해를 강조하여 밝힘.   (2005. 4. 11)

이 기사는 독립 운동의 당위성을 설명하고자 하는 것이 아니라 특정인이 독립 운동을 했다는 것을 객관적으로 인정해야 한다는 주장을 전달하고자 하는 것이다. 그런데 제목은 독립 운동이 당연하다는 뜻이 되어 전달할 내용과는 전혀 어울리지 않게 되어 있다.

내용을 제대로 전달하려면 핵심 정보인 '김일성'이 빠져서는 곤란하다. 따라서 "김일성도 독립 운동"이라는, 같은 기사에 대한 타 방송사의 제목이 더 낫다.

물론 화면에 제시된 사진으로 김일성에 대한 내용이라는 정보가 충분히 전달되었다고 판단될 경우에는 '김일성'이라는 말을 생략할 수 있다. 그러나 그런 경우에도 '독립 운동 당연'이라는 제목은 일차적으로 '김일성이 독립 운동을 당연한 것이라고 했다'는 의미로 받아들여지므로 기사의 내용을 잘 전달해 주는 좋은 제목이라고 할 수 없다. 사진이 제시된 경우라도 "독립 운동 인정해야" 또는 "당연히 독립 운동" 등으로 수정하는 것이 좋다.

또 제목이 특정인의 견해 중 일부를 인용한 것이고, 그 주장에 대해서 다른 시각도 있을 수 있으므로 '주장'이라는 말을 넣거나 큰따옴표(" ")를 사용하는 것이 바람직하다.

"검정고시에서도" (KBS) → 검정고시도 부정 (MBC)
기사 내용 ┃ 휴대전화를 이용한 부정 행위가 대입 수능시험에 이어 검정고시에서도 이뤄졌다는 의혹이 제기되어 경찰이 수사에 착수함.　　　　　　　　　　　　　　(2005. 4. 12)

이 기사에서 가장 중요한 정보는 검정고시에서 부정 행위가 있었다는 것이므로 '부정'이라는 어휘가 들어가야 한다. "검정고시에서도"가 적절한 제목이 될 수 있으려면 시청자들이 현재의 상황으로부터 그것이 바로 '시험 부정'과 관련한 내용임을 쉽게 추측할 수 있어야 한다.

만약 바로 이전 뉴스가 그와 관련한 것이거나 적어도 당시 사회적으로 각종 시험에서의 부정 행위가 관심사가 되어 있는 상황인 경우에는 적절한 제목이 될 수 있을 것이다. 그러나 대입 수학능력시험에서의 부정 행위와 관련한 보도는 이 기사가 나오기 여러 달 전에 있었으므로 시청자들이 기사와 직접 연관 지어 생각하기는 쉽지 않다.

제목 중에는 중요한 내용이 빠지고 그 자리를 덜 중요한 정보가 차지함으로써 부차적인 정보가 기사의 초점인 것으로 잘못 해석되기도 한다. 다음 예를 통해서 살펴보자.

"양계장서 살해" (MBC) → "김형욱, 내가 살해" "내가 살해했다" (KBS)
기사 내용 │ 김형욱 살해 관련 내용. 물증은 없이 1979년 당시 중앙정보부 공작원이었던 사람이 자신이 김형욱을 납치해 파리 근교 양계장에서 살해했다고 주장함. (2005. 4. 11)

"양계장서 살해"라는 제목은 "내가 김형욱을 양계장에서 살해했다"고 주장하는 문장에서 나머지 성분을 모두 생략한 채 '양계장'과 '살해'만을 남겨서 제목으로 삼은 것이다.

그러나 기사의 초점은 김형욱 씨를 직접 살해했다는 사람이 나타났다는 것이다. 따라서 가장 중요한 정보는 피해자인 '김형욱' 씨가 되어야 하는데, 그 내용이 빠져 있어 무슨 내용인지 짐작할 수 없는 제목이 되었다.

보도 내용에 가장 충실한 제목은 "김형욱, 내가 살해"가 될 것이며, 화면이나 여러 가지 정황상 피해자가 김형욱 씨라는 것을 알 수 있다면 "내가 살해했다"도 나쁘지 않은 제목이다.

"양계장서 살해"라는 제목이 가지는 가장 큰 문제는 상대적으로 중요성이 덜한 정보인 '양계장'에 초점이 놓이게 되어 내용을 오해할 수 있게 한다는 점이다. 간결해야 하는 뉴스 제목의 경우는 불필요하거나 덜 중요한 정보들이 생략된 형태로 쓰이게 마련이다.

이때 생략되지 않고 겉으로 드러난 정보는 가장 중요한 내용, 즉 기사의 '초점'으로 흔히 이해된다. 따라서 위에 예로 든 제목은 양계장이 아닌 다른 곳에서 살해된 것으로 알려져 있으나 사실은 살해된 곳이 '양계장'임이 새로 밝혀졌다는 뜻으로 읽힐 수 있으므로 주의해야 한다.

2 과장된 제목은 피한다

시청자들의 눈길을 끌기 위해 기사 내용보다 부풀린 제목을 정하는 경우가 있다. 시청자들은 기사에서 전달한 내용보다는 해당 뉴스의 제목을 인상적으로 기억하기 쉬우므로 제목을 정할 때에는 과대 포장이 되지 않도록 특히 주의해야 한다.

의혹만 커졌다 (MBC) ➡ 풀어야 할 의혹들 (KBS), 여전한 의혹 (SBS)
기사 내용 ㅣ 철도청의 러시아 유전 개발 사업과 관련한 감사원의 특별 감사 결과가 발표됨. 그러나 국민들의 기대와는 달리 핵심적인 의혹에 대해서는 밝혀지지 않음.　　　　(2005. 4. 12)

기사의 전체 내용은 감사원의 특별 감사 결과와 앞으로의 수사 전망에 관한 것이다. 특히 특감의 핵심 의혹인 정치권의 외압 유무에 대해서 밝혀내지 못한 점 등 특감 결과가 만족스럽지 않았음을 지적하고 있다. 그러나 특별 감사가 의혹을 더욱 키운 것은 아니며, 원래부터 있던 몇몇 의문점들이 밝혀지지 않았을 뿐이다.

따라서 '의혹만 커졌다'는 것은 사실을 과장한 것이다. 타 방송사의 제목처럼 '여전한 의혹'이라고 하는 것이 좋겠다. '풀어야 할 의혹들'이라는 제목은 앞으로 해결해야 할 문제점들을 조목조목 짚어 보겠다는 뜻을 잘 전달하고 있어 좋은 제목이라고 볼 수 있다.

경제 전망 정반대 (MBC) ➡ 엇갈린 경제 전망, 경제 전망 시각 차
기사 내용 ㅣ 국회 대정부 질문에서 야당 국회의원과 경제부총리가 우리 경제의 현재 상황 및 앞으로의 전망에 대해 각기 다른 의견을 제시함.　　　　(2005. 4. 13)

'정반대'라는 말은 서로 완전히 다른 입장을 나타낼 때 쓸 수 있는 말이다. 예를 들면 한 사람은 우리 경제가 지속적인 성장을 할 것이라는 데 대해 다른 사람은 감소세를 보일 것이라고 했다면 반대라는 말이 맞을 것이다.

그러나 위의 경우 기사의 내용을 살펴보면 우리 경제의 전망에 대해 두 사람이 다른 시각을 보이는 것은 사실이지만 정반대라고 말하기는 어렵다. '엇갈린 경제 전망' '경제 전망 시각 차' 등의 제목이 보도 내용과 부합한다.

괴선박 월북 (SBS) → 어선 월북 (MBC), 어선 타고 월북 (KBS)
기사 내용 | 동해상에서 우리 어선 한 척이 북방 한계선을 넘어 월북함. 월북자는 속초시에 사는 어부 A씨임이 밝혀짐. (2005. 4. 13)

'괴선박'이라고 하면 정체를 알 수 없는 수상한 배를 가리킨다. 그러나 보도 시점에 이미 배의 정체와 그 배를 타고 간 사람의 신원이 밝혀진 상황이다. 이때 '괴선박'이라고 표현한 것은 명백히 과장이다.

임원만 올리고 (MBC) → 임원만 크게 올려, 임직원 임금 인상 차별
기사 내용 | 일부 은행이나 기업에서 임원들은 보수를 크게 올린 반면, 경영 악화를 이유로 직원들의 임금은 소폭으로 인상함. (2005. 4. 13)

제목만 보아서는 임원들의 보수는 인상된 반면 직원들은 임금이 내렸거나 적어도 지난해 수준을 그대로 유지할 것으로 추측된다. 그러나 기사에서는 "…이사의 보수는 모두 두 배 이상으로 올랐지만 직원들의 월급은 절반도 오르지 않았다"고 하므로 직원들도 상대적 인상폭은 적지만 월급이 올랐음을 알리고 있다.

3 기사의 핵심을 정확하게 요약한다

뉴스 제목을 정하는 가장 일반적인 방법은 기사의 내용 전체를 요약하거나 일부를 인용하는 것이다. 요약이나 인용을 통해 제목을 정하려면 기사의 가장 중심 되는 내용을 선택해야 한다. 그러나 그렇지 못해서 시청자들에게 올바른 정보를 전달해 주지 못하는 경우가 있다.

북한에도 쓴소리 (MBC) ➜ 북에 끌려가선 안 돼, "북에도 할 말은 해야"
"북에도 쓴소리" (KBS), "北에도 쓴소리 한다" (SBS)

기사 내용 | 독일을 방문 중인 노 대통령이 남북 관계와 관련해 한국을 무시하는 북한에 일방적으로 끌려가서는 안 된다고 말함. (2005. 4. 11)

공교롭게도 세 방송사가 같은 날 같은 제목으로 보도를 하였지만 기사의 구성이나 초점 등 내용은 조금씩 달랐다. 따라서 같은 제목이라도 보도 내용과 관련해 적절치 못한 경우가 있었다. KBS와 SBS는 제목에 인용된 "북한에도 쓴소리 할 때는 해야 한다"는 대통령의 말이 앵커멘트에서도 언급되고, 보도 중 발언하는 내용이 직접 나오므로 적당한 제목이 된다.

그러나 MBC 뉴스에서는 전혀 언급되지 않은 내용을 제목으로 삼음으로써 기사와의 관련성이 떨어지게 되었다. 기사의 전체 내용을 요약해 '북에 끌려가선 안 돼'라고 하거나 대통령 발언 중 방영된 일부분을 인용해 '북에도 할 말은 해야'라고 하는 편이 기사와 제목 간에 긴밀성을 잘 유지할 수 있다.

교과서가 비결 (MBC) ➜ 내신 잘 받으려면, "혼자 하면 더 잘해요"

기사 내용 | 고교생들이 내신 성적을 잘 받기 위한 비결을 소개함. 우등생들은 대개 학원에 의존하지 않고 학교 수업에 충실하며 스스로 계획을 짜서 공부한다는 내용 등이 소개됨. (2005. 4. 12)

'교과서가 비결'이라는 제목은 전체 기사 내용을 대표하지 못한다. 전체 내용을 아우르는 제목을 쓰려면 '내신 성적 잘 받는 비결' '내신 잘 받으려면' 등이 적당하다. 이 기사에서 교과서와 관련된 부분은 전체 기사를 대표할 만큼 중심 내용이 되지 못한다.

이 기사의 초점은 학교 시험을 잘 보기 위해서는 학원에 군이 갈 필요가 없다는 것이다. 그러한 취지를 살리기 위해서는 '혼자 하면 더 잘해요' '학교 수업에 충실해야' 같은 제목이 좋다.

6명 수사 요청 (MBC) ➡ 차관·사장 수사 (KBS), 차관 등 수사 요청, 차관 등 중징계, 이광재 혐의 못 밝혀

기사 내용 | 감사원은 철도청 유전 사업과 관련한 특감 중간 결과를 발표하고 건교부 차관과 철도공사 사장 등 6명의 관련자들을 검찰에 수사 의뢰함.　　　　　　(2005. 4. 12)

기사는 감사원이 발표한 유전 사업 관련 특별 감사 결과의 내용을 전하고 있다. 특히 전·현직 철도청장 등에 대해 감사원이 혐의를 잡아 검찰에 수사를 요청한 일과 의혹의 핵심이 되었던 이광재 의원의 개입 여부가 밝혀지지 않은 일 등을 중요하게 보도하고 있다.

따라서 이 기사에서는 수사 의뢰된 사람이 누구인지, 이광재 의원이 혐의가 있는지 등이 초점이지, 6명이라는 숫자는 전혀 중요하지 않다. 차관이나 사장 등 최고위급 인사들에 대해 검찰 수사를 요청했다면 유전 사업이 부처 차원에서 조직적으로 이뤄졌다는 것이므로 매우 중요한 정보가 된다. 따라서 '6명 수사 요청'이라는 제목보다는 '차관, 사장 등 수사 요청'이라고 하든가, 특검 결과에 대한 총체적 평가 내용을 담아 '이광재 혐의 못 밝혀' 등의 제목을 다는 것이 타당하다.

4 화자의 의도를 왜곡하지 않는다

취재원의 발언 일부를 줄여 제목으로 삼을 경우에 가장 많이 범하는 잘못이 말하는 이의 의도를 제대로 전달하지 못한 채 인용하는 것이다. 전체 발언을 주의 깊게 살펴보고 가장 핵심적인 내용을 발췌해 화자의 의도가 잘 전달될 수 있도록 해야 한다.

"개방 비용 부담" (MBC) ➜ 통일 비용 부담할 수 있어, 통일 비용 반대 않을 것

기사 내용 | 독일을 방문 중인 노 대통령의 발언 보도. 정부는 북한의 개혁 개방을 지지하며 우리 국민들은 통일을 위한 비용이 부담스럽더라도 그것에 반대하지 않을 것이라고 말함.

(2005. 4. 12)

대통령 발언의 일부를 인용하는 과정에서 전체 발언의 취지와는 다르게 이해될 수 있는 제목으로 변질되었다. 노무현 대통령은 "통일을 위한 비용이 부담스럽더라도 한국 국민들은 이를 반대하지 않을 것"이라고 말했지 직접 부담한다고 얘기하지는 않았다. 그런데도 직접 발언한 내용인 것처럼 큰따옴표를 사용해서 "개방 비용 부담"이라는 제목을 사용하고 있다.

공교롭게도 대통령의 발언 중에는 '개방, 비용, 부담'이란 낱말들이 모두 포함되어 있어 위와 같은 제목이 문제가 없다고 생각할 수 있다. 그러나 '부담스럽더라도'로 이어지는 발언의 뒷부분을 생략하고 '부담'이라고만 하면 실제로 한 얘기와는 상당히 다른 뜻이 되고 만다.

물론 대통령의 이런 발언이 정부가 앞으로 통일 비용을 부담할 것이라는 뜻을 우회적으로 담고 있다고 해석할 수 있지만, 구체적인 비용 부담 계획을 밝히지 않은 상황에서 이처럼 제목을 정하는 것은 삼가야 한다.

5 지나치게 감정적인 표현은 피한다

뉴스는 사실을 정확하게 취재해서 객관적으로 알리는 것이 목적인데, 종종 시청자들의 감정을 미리 판단해 제목으로 삼는 경우가 있다. 특히 입장 차이에 따라 판단이 달라질 수 있는 문제에 대해 감정적인 제목을 붙이게 되면, 시청자들은 대개 기자의 시각을 따라갈 수밖에 없게 되고 정도가 지나친 경우 왜곡 보도가 될 수 있으므로 주의해야 한다.

"지문 찍고 먹어라" (MBC) ➡ 급식 지문인식기 파문, 인권 침해 논란
기사 내용 ❙ 일부 중고교 급식소에서 밥도둑을 가려내기 위해 지문인식기를 설치한 것에 대해 인권 침해 논란이 일고 있음. (2005. 4. 12)

급식소를 관리하기 위해 지문인식기를 설치한 것에 대해 편리함을 내세우는 학교 측과 학생들의 인권 침해를 우려하는 시민 단체들이 서로 다른 입장을 취하고 있다. 신분을 확인하기 위해 지문인식기를 이용하는 것이 학생들을 범죄자 취급하는 것인지에 대해서는 논란의 여지가 있는 만큼 시청자들이 직접 판단해야 할 부분이다. 위의 제목은 사실의 전달이 아니라 그 사실에 화내고 있는 기자의 목소리로 들린다.

6 지나친 비약은 피한다

호기심을 자극하거나 주의를 환기하기 위해 지나치게 비약하는 제목을 선택함으로써 시청자들이 기사의 내용을 짐작하기 어렵게 만드는 경우가 있다. 뉴스의 제목은 보도문의 내용을 소개해 주는 것이 일차적인 기능이므로 전달할 내용과 지나치게 동떨어진 제목을 정하는 것은 좋지 않다.

울며 겨자 먹기 (MBC) ➡ 대형 할인점 횡포
기사 내용 ㅣ 대형 할인점들이 쌀을 원가 이하로 판매하고 있는데, 쌀을 팔 때 발생하는 손실을 그대로 농민들에게 떠넘기고 있음. 농민들은 할인점들의 무리한 요구를 울며 겨자 먹기로 수용할 수밖에 없는 현실임. (2005. 4. 12)

농민들의 처지가 '울며 겨자 먹기'에 비유될만한 상황임에는 틀림없으나 이 기사에 대한 제목으로는 적당하지 않다. '울며 겨자 먹기'로 기술할 수 있는 상황은 너무나 많아서 시청자들은 이 제목 아래 어떤 내용이 보도될 것인지 전혀 짐작할 수가 없다. 보다 구체적인 제목을 정하는 편이 좋겠다.

바닥 두꺼워진다 (MBC) ➡ 층간 소음 기준 강화
기사 내용 ㅣ 건설교통부는 7월부터 아파트 층간 소음 기준에 관한 법을 개정해 소음을 줄이도록 할 계획임. (2005. 4. 12)

기사 내용대로 관련 법률이 개정되어 층간 소음 기준이 강화되면 결과적으로 아파트의 벽과 바닥이 두꺼워지겠지만 '바닥 두꺼워진다'는 제목으로 이러한 내용을 짐작하기는 여간 어렵지 않다. '바닥이 두꺼워지는' 결과는 반드시 관련 법령의 개정이 아니더라도 일어날 수 있는 일이다. '층간 소음 기준 강화' 등 명확한 사실을 제목으로 정하는 것이 더 바람직하다.

7 다른 기사와의 관련성을 살핀다

사람들은 뉴스를 시청할 때, 해당 보도를 단편적으로 보아서 이해하는 것이 아니라 전체적인 흐름 속에서 보게 마련이다. 따라서 제목을 정할 때에도 당시 관심사 등에 비추어 오해를 살 수 있는 것들은 피하는 것이 좋다. 반대로 전체적인 흐름 속에서 쉽게 예측이 가능한 내용이라면 제목에 명시적으로 드러내지 않아도 좋다.

"상임국 자격 있다" (MBC) ➡ "독일은 자격 있다"
기사 내용 ｜ 노 대통령이 독일 슈뢰더 총리와 정상 회담 중 독일은 일본과 달리 유엔 안보리 상임이사국의 자격이 있다고 언급함.　　　　　　　　　　　　　　　　　　(2005. 4. 13)

기사는 한국과 독일 정상 회담에 관한 내용을 다루고 있다. 정상 회담에서는 한독 양국간 경제 협력 방안, 양국의 우호 증진, 국제 사회에서의 공조 확인 등 여러 가지 현안에 대해 의견을 교환하였다. 편집자는 그 중에서 가장 중요하다고 판단한 독일의 유엔 안보리 상임이사국 진출과 관련한 노 대통령의 발언을 인용해서 제목으로 삼았다.

그러나 이 보도가 있었던 당시의 뉴스 흐름을 살펴보면 안보리 상임이사국 진출을 시도하는 일본에 대해 자격이 없다는 내용의 기사가 많았다. 당시는 독일뿐 아니라 일본과 인도 등이 유엔 안보리 상임이사국이 되고자 국제 사회에서 외교적인 노력을 벌이고 있었다. 일본의 식민 지배를 받았던 우리나라와 중국은 일본의 상임이사국 진출을 공식적으로 반대한다는 입장을 국제 사회에 밝혀 두고 있었다.

따라서 그런 배경지식을 가진 시청자들은 위와 같은 제목을 보면 일본의 상임국 자격과 관련한 내용으로 오해할 소지가 충분히 있다. 이 기사의 내용에 따르면 노 대통령의 이 같은 언급도 사실은 독일의 과거사 청산 노력에 존경의 뜻을 표함으로써 식민 지배에 대해 적절한 사과 행동을 하지 않는 일본의 태도를 우회적으로 비판하고 있음을 알 수 있다. 앞에 '독일'을 넣어주면 의미가 명확해질 것이다.

수도권에 돈다 (MBC)
기사 내용 | 100만 원권 위조수표가 대규모 유통 조직에 의해 수도권을 중심으로 유통되고 있음.　　　　　　　　　　　　　　　　　　　　　　　　　(2005. 4. 12)

　이 제목만 보면 무슨 이야기인지 알 수가 없다. 그러나 뉴스의 전체적인 흐름을 보면 위조수표와 관련한 내용임을 곧바로 이해할 수 있다. 육안으로 식별이 불가능한 100만 원권 위조수표에 대한 보도가 이 기사 바로 앞에 나왔고, 이 기사는 그것에 대한 보완 취재 형식으로 구성되었다. 또한 화면에는 이 위조 수표의 사진이 제목과 함께 방송되고 있어, 별다른 설명이 없이도 위조수표가 수도권을 중심으로 유통되고 있다는 내용임을 알 수 있다.

3 제목을 정할 때의 유의 사항 2

1 단어의 뜻을 정확히 파악한다

어휘 본래의 의미를 제대로 파악하지 못한 채 사용하거나 뉴스 본문의 내용과는 다른 부적절한 어휘를 사용하는 경우가 종종 있다. 어휘 선택이 잘못된 경우에는 보도문의 내용을 잘못 전달하게 되어 시청자들에게 혼동을 줄 수 있으므로 항상 주의를 기울여야 한다. 흔히 사용하는 단어라도 의미를 잘못 알고 있는 경우가 많으므로 항상 국어사전을 가까이 두고 찾아보는 습관을 들이는 것이 좋다.

식민 지배 사과 (MBC) ➡ "반성은 하지만" (KBS) "아픔 준 것" 반성 (SBS)

기사 내용 | 일본 외무장관이 우리 국회 대표단을 만난 자리에서 식민 지배 등 과거사와 관련해 한국인에게 아픔을 준 것을 반성한다고 말함. 그러나 독도 문제와 교과서 왜곡 등의 현안에 대해서는 기존 입장을 굽히지 않음.   (2005. 4. 13)

'반성'과 '사과'는 다른 의미이므로 기사 본문에 있는 '반성'을 임의로 '사과'로 바꾸어서는 안 된다. '반성'은 잘못이나 부족함이 없는지 돌이켜본다는 의미지만 '사과'는 자신의 잘못을 인정하고 용서를 비는 것을 뜻한다. 일본 외무장관은 식민 지배와 관련해 '반성'한다고 했지, 사과한 것은 아니다. 특히

위의 기사같이 외교적으로 민감한 사안에 대해서는 '사과'를 했는지 '반성'을 한다고 말했는지가 매우 중요한 문제이므로 어휘를 더욱 신중하게 선택해야 한다.

보도의 초점은 반성한다고 말했지만 독도나 교과서 문제 등 민감한 사안에 대해서는 기존 입장을 굽히지 않는 태도를 비판하고 있다. 따라서 '반성' 대신 '사과'를 쓴 것은 본문 내용과는 전혀 맞지 않는 어휘를 사용한 것이다.

봐주기 수사 논란 (MBC) ➡ "봐주기 수사" 비난

기사 내용 | 뺑소니 교통사고 혐의를 받고 있는 가수 A씨가 음주 운전을 하였으나 경찰은 뺑소니 부분만 수사함. 나중에 네티즌들이 그가 음주 상태에서 사고를 내고 도주한 것임을 여러 정황을 들어 밝혀냄으로써 음주 혐의가 추가됨. 그 과정에서 네티즌들은 경찰이 A씨가 유명 연예인이라서 봐주었다고 비난을 함.   (2005. 4. 13)

'논란'은 여럿이 서로 다른 의견을 내며 다투는 상황에서 쓰는 말이다. 이 기사가 만약 경찰이 봐주기 수사를 했는지 여부를 둘러싸고 경찰과 네티즌들이 서로 다른 의견을 제시하며 다투는 상황을 보도한 것이라면 '논란'이라는 어휘 선택이 타당하다.

그러나 이 기사는 경찰이 음주 혐의를 피하기 위해 사고 직후 달아났다가 11시간이나 지난 후에 나타난 A씨에 대해 음주 관련 수사를 하지 않은 것은 명백한 봐주기 수사라는 네티즌들의 항의 내지는 비난에 초점을 맞추고 있다. 따라서 '논란'보다는 '비난'이나 '항의'가 더 적당하다.

유전 특검 정면전 (MBC) ➡ 유전 특검 정면 대립, 유전 특검 공방

기사 내용 | 철도청의 유전 사업과 관련한 의혹을 파헤치기 위해 야당이 특검 설치를 주장함. 여당은 특검에 반대한다는 입장을 표명함.   (2005. 4. 11)

야당과 여당의 대립을 '전쟁'에 비유해 표현하였으나 '정면전'이라는 말은 사전에 없다. 모든 전쟁 상황은 직접 마주 대항하는 정면 대립 상황에서 번져 일어나는 것이므로 따로 '정면전正面戰'이라는 용어는 사용되지 않는다. 이는 발음이 비슷한 '전면전'을 잘못 쓴 것으로 보인다.

'전면전全面戰'은 국지전이나 유격전에 대응하는 단어로 일정한 범위 전체에 걸쳐 광범위하게 일어나는 전쟁 상황을 가리킨다. 여기에서는 '전면전'이나 '정면 대립' '공방' 등의 어휘를 사용하는 것이 좋겠다.

2 생략은 확인이 가능할 때만 한다

허위제보 우롱 (MBC) ➜ 허위제보로 경찰 우롱, 우롱당한 경찰, 허위제보에 속아, 허위제보 피해
기사 내용 | 탈주범 수사를 하고 있는 경찰에게 A씨가 범인이 자기에게 전화를 걸어왔다고 신고하여 경찰이 집중 수사를 하였으나 허위제보임이 드러남.　　　　　　　　(2005. 4. 11)

제목을 짧게 줄이기 위해 생략을 하는 경우에는 생략된 부분을 다른 사람들이 쉽게 예측할 수 있어야 한다. 이 제목은 A씨가 허위제보를 하여 경찰을 우롱하였다는 내용을 나타내고자 한 것이다. 그러한 뜻을 제대로 나타내려면 목적어인 '경찰'을 생략해서는 안 된다. '우롱하다'는 목적어가 반드시 필요한 타동사인데, 필수 성분인 목적어가 생략되어 이해하기 어려운 구문이 되기 때문이다.

우롱당한 대상인 '경찰'이 분명히 제시되거나 목적어가 없어도 되는 다른 서술어를 사용하는 것이 좋다. 따라서 '허위제보로 경찰 우롱'이라고 하거나 '우롱당한 경찰' 또는 경찰의 입장에서 '허위제보에 속아' 등으로 수정하는 것이 좋겠다.

기사 내용 | 남북한 동물원이 분단 이후 최초로 서로 키우던 동물들 일부를 교환하는 행사를 벌임.　　　　　　　　　　　　　　　　　　　　　　　　　　　(2005. 4. 13)

'교류'는 서로 다른 사상이나 문화를 가지고 있는 사람이나 단체가 서로 소통하는 상황을 가리킨다. '남북 동물 교류'라는 제목을 정한 사람은 남북한이 동물 교환을 통해 교류를 하게 되었다는 뜻을 전달하고자 한 것으로 보인다. 그러나 이 제목은 실제로는 남북한의 동물들이 서로 교류했다는 의미로 받아들여진다.

그렇게 읽히는 이유는 '남북 동물 교류'라는 제목에서 생략된 부분을 원래 제목을 정한 사람의 의도대로 회복시킬 수가 없기 때문이다. '교류'가 동사로 사용될 때에는 대개 목적어가 없이 [-이 -와 교류하다] 처럼 사용되기 때문에 '교류' 바로 앞에 있는 단어 '동물'은 '교류'의 주어로 해석되는 것이 일반적이다. 이 기사의 내용은 남북한이 서로 동물을 주고받기로 했다는 내용이므로 '교환'이라는 용어를 사용하는 것이 더 낫다.

3 오해를 낳을 표현은 피한다

오해 소지가 있는 어휘는 사용하지 않도록 한다. 되도록 쉬운 말을 쓰고 중의적으로 해석될 수 있는 어휘나 구조는 피한다. 발음이 비슷한 단어를 잘못 사용하는 경우가 종종 있으므로 주의한다.

세금 부담 준다 (MBC) ➡ 세 부담 줄인다, 세 부담 줄어
기사 내용 ‖ 세율 조정 등으로 근로소득자들의 세금 부담이 10퍼센트 가량 줄어들 전망임.
(2005. 5. 11)

위의 제목에서 '준다'는 두 가지로 해석할 수 있다. '줄다'의 활용형으로 쓰인 것이지만 '주다'의 활용형으로 이해할 수도 있다. 따라서 세금 부담이 줄어든다는 것인지 세금이 납세자에게 부담을 준다는 것인지 오해의 소지가 있다. '세 부담 줄인다' '세 부담 줄어' 등 확실한 표현으로 바꾸어 주는 것이 좋다.

의문사위 전직원 구속 (MBC) ➡ 전 의문사위 직원 구속
기사 내용 ‖ 의문사위원회의 직원이었던 A씨가 시위때 화염병을 운반하였던 혐의로 구속됨.
(2003. 12. 13)

1음절 한자어는 여러 가지 의미로 해석될 수 있으므로 사용할 때 특히 주의해야 한다. 위 기사 제목에 쓰인 '전직원'은 일차적으로 모든全 직원의 의미로 이해된다. '전'의 위치를 바꿈으로써 이런 오해를 피할 수 있다.

4 문법 요소를 잘 이용한다

뉴스 제목은 적은 공간 안에 보도 내용을 압축적으로 전달해야 하므로, 예측이 가능하거나 덜 중요한 정보는 생략하게 된다. 이때 많은 경우, 핵심적 어휘만을 남기고 문법적 요소는 생략한다. 그러나 보조사나 어미 등의 문법 요소들은 겉으로 드러나지 않은 뜻을 함축적으로 나타내는 경우가 많다. 따라서 이들을 적절히 이용하면 적은 수의 어휘로도 풍부한 표현 효과를 낼 수 있다.

이 제목은 기사 내용을 잘못 전달한 것으로 앞에서 지적한 바 있다. 그러나 만약 직원들은 올리지 않았는데, 임원들만 임금을 인상한 것이 사실이라면 그 내용이 조사 '만'에 의해 잘 드러나 있다. 즉 '임원은 올리고 직원은 내렸다'는 내용이 '임원만 올리고'라는 제목으로 효과적으로 전달되고 있다.

위의 제목들은 보조사 '도'를 사용해서 제목에 적시된 것 말고 다른 것들도 포함된다는 뜻을 잘 나타내고 있다. '검정고시도 부정'이라는 제목은 검정고시 말고 다른 시험에서도 부정 행위가 있었음을 암시한다. 아마도 이 제목을 통해 시청자들은 몇 달 전에 있었던 대학 수학능력 시험에서의 조직적 부정 행위를 쉽게 떠올릴 수 있을 것이다.

'대림산업도 조사'라는 제목을 타 방송국의 '대림산업 세무조사'라는 제목과 비교해 보면 단지 '도'라는 조사를 이용해서 얼마나 큰 표현 효과를 거둘 수 있는지 알 수 있다. 대림산업뿐 아니라 다른 기업들도 세무조사를 받고 있으며, 이 회사를 대상으로 하는 조사가 개별적 사건이 아니라 기업들에 대한 일련의 조사 과정 중의 하나임을 다른 배경 지식이 없는 시청자들도 짐작할 수 있게 해 준다.

"안보리 갈 수도"와 "북핵 안보리에"는 같은 내용을 보도하고 있지만 각각의 제목이 함축하는 바는 상당히 다르다. "안보리 갈 수도"는 가능성이 있음을 나타내는 의존명사 '수'와 보조사 '도'를 사용해서 북한 핵 문제가 안보리에 회부될 것이라는 전망이 아직 확정적인 것이 아니라는 뜻을 성공적으로 담아내고 있다. 반면에 "북핵 안보리에"는 핵 문제가 안보리에 회부될 것이 확실한 상황일 때에 더 적합한 제목이다.

- "반성은 하지만" (KBS, 2005. 4. 13)
- "독일은 자격 있다" (KBS, 2005. 4. 13)

위의 예들은 대조의 의미를 나타내는 조사 '은'을 사용해서 그 밖에 다른 대상은 배제한다는 의미를 나타내고 있다. "반성은 하지만"은 그것 자체로 그보다 더 중요한 사과는 하지 않았다는 말이 뒤이어 나올 것임을 쉽게 추측할 수 있게 해 준다. "독일은 자격 있다"도 독일 외의 다른 나라(이 기사에서는 일본을 염두에 둠)는 자격이 없다는 의미임을 쉽게 짐작할 수 있게 해 준다.

귀국 명분 쌓나 (MBC)

기사 내용 | 6년째 해외 도피중인 대우그룹 전 회장이 동남아에서 자주 모습을 드러내고 독자적으로 사업을 추진하기도 한다는 소식. 사업을 통해 귀국을 위한 명분을 쌓고 있는 것으로 보임.   (2005. 4. 11)

위의 보도 내용은 아직 확실한 사실이 아니라 몇 가지 정황을 통해 기자가 추측을 하는 것이다. 단정을 나타내는 어미 대신 추측을 나타내는 의문형 어미 [−나를 사용함으로써 귀국 명분을 쌓기 위한 행동이라는 의심을 사고는 있으나 확실한 것은 아니라는 것을 잘 나타내고 있다.

"체격 제한 말라" (MBC)
기사 내용 ㅣ 공무원을 채용할 때 키와 몸무게를 제한하는 것은 국민의 평등권을 침해하는 행위이므로 그러한 제한을 두지 말도록 국가인권위원회가 해당 기관에 권고함.　　(2005. 4. 12)

"준법운전 하세요" (SBS)
기사 내용 ㅣ 안전 운전을 위한 캠페인　　　　　　　　　　　　　(2005. 4. 13)

　"체격 제한 말라"는 국가기관의 권위 있는 권고 사항을 명령형 어미와 큰따옴표를 사용해서 간결하게 표현하고 있다. "준법 운전 하세요"는 권위적인 명령이 아니라 참여를 호소하는 내용이므로 공손체 어미를 사용하였다.

5 부사어를 잘 쓰면 득이 된다

　우리말은 특히 형용사와 부사어가 발달한 언어로 알려져 있다. 따라서 의성·의태어나 접속사 등의 부사어가 지닌 풍부한 표현력을 적절히 이용하면 간결하면서도 내용을 쉽게 전달할 수 있는 제목을 만들어낼 수 있다.

매매 '껑충' 전세 '엉금' (KBS), 전세가의 34배 (MBC)
기사 내용 ㅣ 아파트 매매가는 큰 폭으로 오른 반면, 같은 기간 전세가는 거의 오르지 않았음. (2005. 7. 5).

　'매매 껑충 전세 엉금'이라는 제목은 아파트 매매가와 전세가의 상승폭 차이를 의태어를 사용해 잘 표현하고 있다. 같은 내용을 명사나 동사를 사용해

서 표현하려면 훨씬 많은 단어가 동원되어야 할 것이다. 다른 방송사의 '전세가의 34배'라는 제목은 매매가와 전세가의 차이가 34배나 된다는 뜻으로 읽히는데, 이는 사실과 다르다. 보도 내용은 전세가와 매매가의 상승률 차이가 그렇다는 것이다.

이처럼 의성·의태어를 사용한 제목에는 '뺑소니치다 쾅''400억 꿀꺽' '하나씩 차근차근' 등이 있는데, 모두 간단하면서도 표현이 부드럽고 흥미를 끌기에 적당하다.

그래도 강남으로 (MBC)

기사 내용 | 대학 입시에서 내신 비중이 높아졌는데도 상대적으로 불리한 강남 지역으로 전학하는 학생이 많음.   (2005. 4. 11)

위의 제목에서 '그래도'는 많은 함축 의미를 지닌다. 어떠한 불리한 조건이 있는데도 그것을 감수하고 강남으로 간다는 내용이 접속부사 '그래도'에 의해 충분히 표현되고 있다. 움직임의 방향을 나타내는 조사 '으로'도 매우 적절하게 사용되었다.

만약 제목을 '그래도 강남'이라고 정했다면 많은 사람들이 강남을 선호한다는 의미로는 읽히지만 더 이상의 함축 의미는 없다. '으로'를 사용함으로써 '간다' 등의 동사가 없이도 강남 방향으로 실제 이동이 이루어지고 있음을 잘 나타내고 있다.

6 문장부호를 요긴하게 이용한다

큰따옴표나 작은따옴표, 물음표 등 문장부호를 사용해서도 표현 효과를 높일 수 있다. 때로는 문장부호 하나가 여러 마디 말을 대신할 수도 있다. 그런데 현재 뉴스 제목에서는 문장부호들이 무원칙하게 사용되는 문제가 있다. 한글맞춤법 규정과 일반적인 쓰임에 맞추어 문장부호를 잘 활용하면 간결하면서도 인상적인 제목을 만들 수 있을 것이다.

- 북한에도 쓴소리 (MBC, 2005. 4. 11) ➡ "북한에도 쓴소리"
- 독립 운동 당연 (MBC, 2005. 4. 11) ➡ "독립 운동 당연"
- "조류 독감 협의" (MBC, 2005. 4. 11) ➡ 조류 독감 협의
- "소비 전력 과장" (MBC, 2005. 4. 13) ➡ 소비 전력 과장

큰따옴표는 직접적인 대화나 남의 말을 인용할 경우에 쓴다. 따라서 누군가의 말에서 인용한 제목에 큰따옴표를 붙여 주면 굳이 '주장'이나 '발언'이란 단어를 덧붙이지 않아도 특정인의 주장이나 의견임을 알 수 있다.

그런 점에서 위의 '북한에도 쓴소리'와 '독립 운동 당연'은 큰따옴표를 사용하는 것이 바람직하다. 반면에 "조류 독감 협의"와 "소비 전력 과장"은 큰따옴표가 불필요하게 들어간 경우다. 이들은 인용된 것이 아니라 취재한 사실을 요약해 제시한 제목이므로 큰따옴표를 쓸 필요가 없다.

'균형자론' 공방 (MBC)

기사 내용 ㅣ 우리나라가 동북아 지역에서 균형자 역할을 해야 한다는 대통령의 발언에 대해 국회에서 여야간 논쟁이 벌어짐.　　　　　　　　　　　　　　　(2005. 4. 12)

'북 유사시 작전 갈등' (KBS) ➜ "북 유사시 작전 갈등"
기사 내용 ‖ 북한 유사시에 대비한 한미연합사간 군사 작전 협의가 주권 침해를 우려한 우리 정부의 제동으로 중단됨. (2005. 4. 15)

"이례적" 영장 신청 (KBS) ➜ '이례적' 영장 신청
기사 내용 ‖ 일본 영해를 침범한 우리 어선 선장 두 명에 대해 일본 정부가 구속 영장을 신청하였는데, 관례에 비추어 이는 매우 이례적인 처사임. (2005. 4. 11)

작은따옴표는 문장 가운데서 중요한 부분을 특별히 강조하고자 할 때 사용한다. 위의 예 중에서 ' '균형자론' 공방'에서의 쓰임이 전형적이다. 대통령의 발언 중 특별히 쟁점이 되고 있는 주요한 사항으로, 여기에서는 작은따옴표가 강조의 기능도 하지만 '이른바 균형자론이라고 하는 것'이라는 의미를 덧붙여 주기도 한다.

'북 유사시 작전 갈등'은 작은따옴표가 잘못 사용된 경우다. 유사시 갈등이 우려된다는 특정인의 의견으로부터 제목을 뽑아낸 것이므로 큰따옴표를 사용하는 것이 적당하다. '"이례적" 영장 신청'에서는 강조를 위해 큰따옴표를 사용하였으나 큰따옴표에는 그러한 용법이 없다. 작은따옴표를 사용하는 것이 바람직하다.

거짓말 했다간… (MBC)
기사 내용 ‖ 법정에서 거짓말로 증언하면 법정 구속 등 중형을 받게 됨. (2005. 4. 12)

장밋빛 좋지만(KBS)
기사 내용 ┃ 정부가 소비 회복세를 강조하고 있으나 체감 경기는 나아지지 않음. (2005. 4. 14)

뉴스 제목에는 줄임표(…)가 특히 많이 사용된다. 가장 일반적인 쓰임은 '거짓말 했다간…'의 예에서처럼 연결 어미로 끝나는 제목에 붙이는 경우다. '칼은 뽑았는데…' '훔칠 게 따로 있지…' 등 비슷한 형식의 제목에는 대개 줄임표를 쓴 것을 볼 수 있다. 그러나 '장밋빛 좋지만' 등 같은 유형의 제목에도 줄임표를 안 쓴 것들이 있어 문장 부호의 사용에 일관성이 없음을 볼 수 있다.

문장 부호 사용의 원칙만을 따진다면 뉴스 제목은 대개 완전한 문장이 아니라 문장의 일부만을 가져다 쓰는 경우가 많으므로 모두 줄임표가 있어야 할 것이다. 그러나 모든 제목에 줄임표를 넣는 것은 보기에도 좋지 않고 비경제적이므로 차라리 뉴스 제목의 특수성을 고려해 특별한 경우가 아니면 줄임표를 넣지 않는 것이 좋다.

월북…조사중 (KBS)
기사 내용 ┃ 북한이 어선을 타고 월북한 A씨를 조사하고 있다고 밝힘.　　　　　(2005. 4. 14)

유조차 화재…정체 (KBS)
기사 내용 ┃ 고속도로에서 유조차가 전복되어 불이 나는 사고가 발생. 사고 여파로 교통이 정체되고 있음.　　　　　(2005. 4. 14)

뉴스 제목에 흔히 나타나는 줄임표 사용의 두 번째 유형은 '월북…조사중'처럼 줄임표를 중간에 넣는 것이다. 이는 '누군가 월북한 사실이 있어 그에 대

해 조사중'이라는 내용을 줄임표를 사용해서 적절히 나타내고 있다. '유조차 화재…정체'도 '유조차에 화재가 발생하여 그 때문에 도로가 정체중'이라는 내용을 쉽게 담아내고 있다.

'월북'과 '조사중' '화재'와 '정체'처럼 서로 관련은 있으나 누구나 쉽게 추정할 수 있을 만큼 직접적이고 긴밀한 관계에 있지 않은 두 가지 사건을 연결할 때 줄임표는 매우 요긴하게 사용될 수 있다. 이는 '월북, 조사중'이나 '월북 · 조사중' 등 다른 부호나 장치를 사용해서는 표현하기 어려운 것이다. 따라서 이와 같은 환경에서 줄임표를 사용하는 것은 바람직하다.

구두 메시지 갔나? (KBS)
기사 내용 ┃ 북한을 방문 중인 메가와티 전 인도네시아 대통령이 우리 정부의 구두 메시지 전달 역할을 했는지 의문을 제기.　　　　　　　　　　　　　　　　(2005. 4. 13)

물음표도 제목에 효과적으로 쓸 수 있다. 전형적인 쓰임은 '구두 메시지 갔나?'의 예에서처럼 의문형 어미로 끝난 제목을 쓸 때다. 그러나 의문형 어미가 이미 질문이나 의심의 뜻을 나타내고 있으므로 의문형 어미 다음에 사용된 의문 부호는 사실상 잉여적이다.

자발적 찬조금? (KBS)
기사 내용 ┃ 일부 학교에서 찬조금 모금으로 물의를 빚고 있음.　　　　　(2005. 4. 13)

말기 암, 남의 일? (KBS)
기사 내용 ┃ 말기 암 환자와 가족들의 고통을 사회가 분담해야 한다는 내용.　　(2005. 4. 11)

물음표를 더 효과적으로 사용한 경우는 '자발적 찬조금?'에서처럼 쓸 때다. 이는 자발적이라고 주장하지만 아마도 그렇지 않았으리라는 의심을 물음표를 사용해서 잘 나타내고 있다.

그 밖에 '신도시로 재기?' '연예인 봐주기?' 등의 예에서처럼 사실이 확인되지 않은 기사에 대해 물음표를 붙여 줌으로써 아직 그렇게 단언할 수는 없지만 그러한 혐의 아래 논란 중에 있거나 추측성 기사임을 표시해 줄 수 있다.

'말기 암, 남의 일?' 같은 제목은 반어적 쓰임이 있는 물음표를 사용해서 말기 암의 고통이 남의 일만이 아니라 곧 내 일이 될 수 있음을 간결하게 나타내고 있다.

7 화면과의 관련성을 생각한다

방송 뉴스에서는 언어적 요소가 전체 구성물의 일부에 지나지 않는다. 화면이 큰 역할을 차지하므로 제목을 정할 때에도 화면과 함께 고려하면 큰 효과를 얻을 수 있다. 특히 제목에는 글자 수에 제약이 있으므로 중요 내용은 화면을 이용하는 것이 바람직하다. 널리 알려진 인물 사진이나 기관의 로고 등을 사용하면 주어나 목적어 등 필수 정보를 생략하고도 무엇과 관련한 내용인지 쉽게 전달할 수 있다.

남성에 치명적 (MBC)
기사 내용 I 담석증이 여성보다는 남성에게 더 심한 증상으로 나타남.　　　　(2005. 4. 11)

기사 내용 | 미국 시사주간지 타임지가 김정일 북한 국방위원장, 이건희 삼성 회장 등을 세계에서 가장 영향력 있는 100대 인물에 선정함.   (2005. 4. 11)

위에 예로 든 제목들을 보면 무엇에 대한 기사인지 전혀 추측을 할 수 없다. 그러나 실제로는 화면에서 중요한 정보를 보여 주고 있어 기사를 이해하는 데에 어려움이 없다. '남성에 치명적'이라는 제목이 제시될 때에는 화면에 담석증이라는 글자와 몸속에서 나온 것으로 보이는 돌 등 담석증을 알 수 있는 장면이 배치되어 있다.

또한 '100대 인물 선정'에서는 'TIME' 글자가 들어 있는 표지 사진과 이건희, 김정일 두 사람의 얼굴 사진을 나란히 담아 내용을 알 수 있게 하고 있다. 이처럼 화면과 제목을 적절히 사용하면 적은 어휘를 가지고도 많은 정보를 전달해 줄 수 있다.

그러나 기관이나 기업의 로고나 인물 사진 등을 중요 정보로 이용하고자 할 때에는 반드시 일반인들에게 널리 알려져 있는 것들이라야 한다. 김형욱 살해와 관련한 소식을 전하면서 '양계장서 살해'라는 제목과 함께 김형욱 씨의 사진을 화면으로 보여준 경우를 예로 들어 보자.

그 화면을 구성한 담당자는 '김형욱'이라는 주요 정보는 이미 사진으로 제시되었으므로 다른 정보들만 제목에 드러낸 것으로 보인다. 그러나 김형욱 씨는 이미 1970년대에 사망한 사람으로 2000년대의 뉴스 시청자들이 사진만으로는 그 사람이 누구인지 알 수 없을 것이다.

3부

앵커멘트,

이렇게 작성한다

1 점점 더 중요해지는 앵커의 역할

　사회가 다양화되고 방송이 사회에 끼치는 영향력이 커지면서 방송 뉴스를 진행하는 앵커는 더욱 더 사람들의 관심을 받게 되고 앵커의 역할도 그 어느 때보다 중요해졌다. 시청자는 기자가 사건 보도를 하기 전에 기사를 소개하는 앵커의 말투와 표정으로 기사의 중요도와 소재의 심각성을 미리 예감하고, 앵커의 "참으로 안타까운 일이 아닐 수 없습니다"와 같은 멘트로 시청자들도 어느새 같이 안타까운 심정을 느끼게 된다. 이처럼 앵커는 뉴스의 얼굴로서 여러 기자가 리포트 하는 새로운 소식들을 잘 정돈해 시청자들에게 전달하는 아주 중요하고도 어려운 일을 담당한다.

　그러면 앵커는 어떻게 그 중요한 역할을 수행하고 있는가? 앵커는 기자의 리포트를 보고 스스로 앵커멘트를 작성한다고 한다. 사전에서의 '앵커'의 풀이는 '방송에서, 해설과 논평을 곁들여 종합 뉴스를 진행하는 사람'으로 되어있다. 사전의 풀이처럼 앵커는 기자가 취재한 기사를 보고 해설을 곁들이거나 논평을 곁들여 종합적으로 뉴스를 진행한다.

　그러나 준비 시간이 워낙 짧기 때문에 짧은 시간 동안 앵커멘트가 갖추어야 할 요건들을 갖추어 시청자들을 끌어당기는 앵커멘트를 작성하기란 쉬운 일이 아니다. 그리고 스스로 작성한 앵커멘트를 냉정하게 수정하는 것 또한 만만치 않은 일이다.

　앵커멘트에는 기자의 리포트 이전에 하는 멘트, 뉴스가 끝날 때 하는 멘트

(클로징 멘트), 짧은 기사를 전하는 멘트 등이 있다. 어느 경우든 기사를 객관적으로 정확하게 전달하기 위해서는 앵커멘트가 객관적이고 정확해야 한다. 그러나 언어 외적인 필요, 이를테면 앵커로서 시청자들에게 온화함과 신뢰감, 확신에 찬 카리스마를 느끼게 하기 위해서 기사의 생명인 정확성, 객관성, 논리성의 범주를 어느새 벗어나게 되는 경우가 있다.

방송 언어가 사회에 미치는 영향력을 생각하면 앵커멘트는 정확하고 객관적이며 논리적으로 작성되어 시청자가 정확하게 뉴스 정보를 전달받고, 감정이나 주관적 견해에 이끌려 객관성을 쉽게 잃거나 비논리적인 사고와 감정적 판단을 당연한 것으로 받아들이도록 하지 말아야 한다.

공공성이 강한 뉴스의 앵커멘트가 정확성을 잃고 주관적이고 비논리적인 언어로 전달된다면 시청자들은 건강한 비판 의식을 갖기가 어려울 것이다. 그러나 간혹 언론이 부정확한 정보와 비논리적인 논조로 국민들의 건강한 비판 의식을 오도하는 경우가 심심치 않게 벌어진다.

이미 앵커가 방송 뉴스의 얼굴이 된 지 오래다. 전달되는 기사의 정확성이나 객관성보다 취향에 맞는 앵커가 진행하는 뉴스를 시청하는 시청자들이 점점 많아지고 있다. 이처럼 앵커는, 방송 뉴스의 얼굴이라고 할 수 있는 앵커에 대한 시청자들의 기대에 대해 여러 측면에서 노력하는 자세를 가져야 하며 앵커멘트의 올바른 작성은 앵커로서 지녀야 할 중요한 책무다. 앵커멘트를 잘 작성하기 위해서는 이미 작성된 앵커멘트의 문제점을 짚어 보고 똑같은 잘못을 저지르거나 부족함이 없도록 주의하는 자세가 필요하다.

이런 관점에서 이미 방송된 방송 3사의 앵커멘트(2005. 4. 11.~4. 15. MBC 뉴스데스크, KBS 9시 뉴스, SBS 8시 뉴스)를 검토하면서 앵커멘트 작성의 기본적인 지침들을 요약 정리해 제시하고자 한다. 이론적으로는 잘 알고 있더라도 정확하고 객관적이면서 시청자들을 사로잡는 앵커멘트를 작성하기란 쉽지 않은 일이기 때문에 이런 접근을 시도하였다.

2   기자 리포트의 어떤 내용을 앵커멘트로 작성할 것인가?

앵커멘트는 태도에 따라 객관 보도형과 주관 보도형으로 나눌 수 있고, 객관 보도형은 기자 리포트와의 관계에 따라 본문 요약형, 원인 분석형, 전환형, 사후 전망형 등으로 나눌 수 있다.

본문 요약형은 세 방송사의 비교 분석 연구에서 모두 40퍼센트 내외를 차지한 가장 선호되는 앵커멘트 유형이다. 원인 분석형이나 전환형, 사후 전망형도 기사에 대한 내용 파악, 다시 말해 요점을 요약 정리한 이후에 가능한 유형이다.

기자 리포트를 요약한 후 어떤 내용, 어느 부분을 부각해 전달할 것인가가 앵커멘트 작성의 가장 중요한 핵심이라 할 수 있다. 다음 기사를 보고 가장 중요하다고 생각하는 부분을 잡아 기사를 소개하는 앵커멘트를 작성해 보자.

기사 1
세계 일류 도시를 지향하는 서울시. 시민의 안전도는 어느 정도일까? 일류 도시로 꼽히는 외국의 대도시와 비교했습니다.   먼저 교통사고 건수. 서울은 연간 4만 건으로 8만 8천 건인 도쿄의 절반 수준입니다. 하지만 교통사고 사망자는 500명으로 370명인 도쿄보다 1.3배 많습니다. 과속이나 복잡한 도로 구조 등으로 대형사고 비율이 상대적으로 높다는 얘기입니다. 살인, 강도 등 5대 강력범죄 발생 건수는 14만 4천여 건으로 인구가 비슷한 뉴욕이나 상하이보다 1.5배 이상 많습니다.

반면에 도서관 수는 47개로 뉴욕의 5분의 1, LA의 2분의 1 수준에 그쳐 문화 시설이 크게 부족한 것으로 조사됐습니다. 서울에 대한 외국인 투자는 꾸준히 늘고 있지만 기업 환경이 개선되지 않는 것도 문제점으로 지적됐습니다.

신면호(서울시 정보화기획 담당관) | 민원서류가 아직도 복잡하다. 행정 절차의 복잡성이 여전하다는 점은 문제점으로 지적되고 있습니다.

서울 안에서는 강남과 비강남 지역 간 격차가 여전했습니다. 서초 · 강남 · 송파 지역이 다른 지역에 비해 대졸자 비율과 월소득 400만 원 이상 가구 비율이 2배 가까이 높았으며 사교육비 지출도 가장 많았습니다. (SBS, 2005. 4. 13)

그 다음 자신이 작성한 앵커멘트를 프로 앵커의 다음 앵커멘트와 비교해 보자.

앵커멘트 1[1)]

크기나 인구로 따지면 세계에서도 손꼽히는 거대도시 서울이지만, 그 안에 사는 사람들은 얼마나 마음 편히 살고 있을까요? 서울 시민들의 생활 안전도를 ○○○ 기자가 외국 여러 대도시와 비교해 봤습니다. (SBS, 2005. 4. 13)

[기사 1]에서는 서울시의 교통사고 건수, 강력범죄 발생 건수, 도서관 수, 기업 환경, 지역 간 격차 등이 보도되었다. [앵커멘트 1]은 이 중 생활 안전도에 초점을 맞추고 있고 이를 외국의 여러 도시와 비교했다는 점을 강조해 시청자의 관심을 끌고 있다.

단순하게 기사의 여러 사항을 요약하는 것보다 그 중 가장 중요하다고 생각하는 사항을 소개하는 것이 앵커멘트 작성 지침의 핵심이다.

---

* 1) 이 앵커멘트는 본문 요약형이면서 의문문을 사용한 호기심 유발형이기도 하다.

다시 같은 내용을 다룬 다음 기사를 보고 앵커멘트를 작성해 보자.

기사 2 [2]

살인, 강도 등 2003년 서울의 5대 강력범죄 건수는 14만 4천여 건. 인구가 비슷한 뉴욕이나 북경보다 각각 1.5배와 1.7배, 런던보다는 2배 가까이 높았습니다. 교통사고는 한 해 4만여 건으로 자동차 1만대 당 145건이 발생해 다른 도시와 비슷했지만 대형사고로 인한 사망자 수는 2배 가까이 높았습니다. 반면 문화시설은 열악해 도서관과 미술관 수는 뉴욕의 3분의 1 수준에 불과했습니다.

서울 내부적으로는 강남과 다른 지역 간의 학력과 소득 격차가 여전히 심각한 것으로 나타났습니다. 서울 동남권인 강남 · 서초 · 송파 지역의 가구주 학력은 4년제 대졸 이상이 36.1퍼센트로 20퍼센트 초반에 그친 다른 지역보다 높았습니다. 이 같은 학력차는 소득 격차로 나타나 월소득 400만 원 이상 가구 비율도 동남권이 20.1퍼센트로 다른 지역의 2배 수준이었습니다.

(MBC, 2005. 4. 13)

그 다음 자신이 작성한 앵커멘트를 프로 앵커의 다음 앵커멘트와 비교해 보자.

---

* 2) [기사 2]는 [기사 1]보다 기사문이 잘 다듬어져 있다. 첫째 앵커멘트의 '서울의 안전도'라는 표현에는 교통사고 건수보다는 강력범죄 건수가 더 의미적으로 가깝기 때문에 이를 먼저 기술한 것이 [기사 1]보다 낫고, 둘째 교통사고 건수를 단순한 수치 비교가 아닌 자동차 1만 대당 기준으로 하여 다른 외국 대도시와 비교한 것도 [기사 1]보다 과학적인 보도다. 또한 [기사 1]은 강남과 비강남이라는 다소 부정확한 표현을 사용하고 있는 반면에 [기사 2]는 강남 외에 '서울 동남권'이라는 표현을 사용하고 있다.

그러나 두 기사 모두 '반면'이라는 역접 부사를 부정적인 두 사실 간에 접속어로 사용해 문단 접속의 잘못을 범하고 있다. '반면'이 아니라 '또, 그리고, 한편'과 같이 순접이나 첨가의 접속어를 사용해야 한다.

앵커멘트 2

서울은 안전한 도시일까요? 작년 서울의 안전도와 문화수준을 외국의 대도시들과 비교한 결과, 서울의 수준이 크게 떨어지는 것으로 나타났습니다. (MBC, 2005. 4. 13)

[앵커멘트 2]는 서울의 안전도뿐 아니라 문화수준까지 멘트에 밝혀 [앵커멘트 1]보다 기사의 내용을 충실하게 요약해 알리고 있다는 점에서 훨씬 친절하다. 또한 [앵커멘트 1]의 '…그 안에 사는 사람들은 얼마나 마음 편히 살고 있을까요?…'처럼 간접적인 표현을 사용하지 않고 직접적으로 '… 외국의 대도시들과 비교한 결과, 서울의 수준이 크게 떨어지는 것으로 나타났습니다'라고 표현해 명확한 의사 전달을 하고 있다는 점에서 시청자들의 관심을 유발시키는 어법은 아니지만 내용이 충실하다.

아마도 시청자들 중에는 [앵커멘트 2]보다 [앵커멘트 1]을 더 선호하는 사람들도 있을 것이다. 그리고 정치, 사회, 문화 등으로 나누어지는 기사의 내용에 따라 앵커가 선호하는 멘트 유형도 있을 수 있다. 그러나 앵커멘트를 작성할 때의 기본은 주요 핵심 사항을 뜻이 잘 통할 수 있는 문장으로 표현하는 것이고, 비중이 비슷한 여러 정보가 기사문에 나올 경우는 가능하면 하나의 정보가 아니라 두세 정보를 포함해 앵커멘트를 작성하는 것이 좋다.

3 기사의 생명은 정확성, 앵커멘트도 예외가 아니다

기사가 정확해야 시청자들은 그 기사에 대한 신뢰성을 갖게 된다. 기자 리 포트를 보고 작성하는 앵커멘트는 짧은 시간 동안 기사 내용을 요약해서 소개 하거나 기사의 소재를 알려 시청자들의 관심을 유도해야 하기 때문에 때로 부 정확하게 앵커멘트를 작성하는 경우가 생기곤 한다.

[예 1] "고 1 내신 비상"

앵커멘트 | 오는 2008학년도 대학입시에서 내신 성적이 결정적인 변수가 되면서 요즘 고등학 교 1학년 학생들 눈빛이 달라졌다는 소식입니다. 이젠 성적이다. 학교 수업 분위기가 진지해진 것은 물론이고 <u>학교 시험을 잘 보게 해준다는 학원까지 등장했습니다.</u>   (MBC, 2005. 4. 11)

다음 [예 1]의 앵커멘트에서 밑줄 친 부분은 앵커가 정확하지 않은 정보를 앵커멘트에 삽입한 경우다. 학교 시험을 잘 보게 해주는 학원은 이미 기존에 도 많이 있었고 기사화된 것은 이 학원에 갑자기 아이들이 몰리기 시작했다는 사실이다. 이것은 앵커가 본 기사를 정확하게 읽지 않고 원고를 작성했기 때 문에 생긴 부정확성이다. 본문 기사 내용에도 내신 학원의 등장은 나와 있지 않으며, 학원에 가는 학생들이 늘어난 것만을 언급하고 있기 때문이다.

아무리 시간에 쫓겨도 이와 같은 실수는 절대 하지 말아야 한다. 시청자들 중에는 오히려 기자보다 더 정확한 정보를 가지고 있는 사람들이 있을 수 있다. 기자 리포트에도 없는 확인되지 않은 사실을 앵커멘트에 삽입하는 것은 가장 위험한 일이다. 앵커는 기자 리포트를 읽는 것에 충실해야 한다.

정확한 앵커멘트를 작성하기 위해서는 중요 정보를 생략하거나 과도하게 정보를 제공하는 것을 경계해야 한다. 텔레비전 뉴스는 영상물이기 때문에 앵커멘트가 나가는 동안 앵커멘트 외에 영상과 자막 등이 시청자들의 눈을 끈다. 그렇다고 해서 보조 자료인 영상과 자막의 언어를 대신하는 기능이 100퍼센트라고 하기는 어렵다. 영상과 자막 등은 앵커멘트와 기사문을 더 잘 이해할 수 있도록 하는 보조물의 역할을 하기 때문에 앵커멘트가 잉여적이라고 해도 중요 정보를 생략하는 것은 바람직하지 않다.

사실 앵커멘트는 기자 리포트를 기반으로 하기 때문에 기자 리포트가 정확하지 않으면 앵커멘트 역시 정확성을 갖기 어렵다. 그런데 간혹 기자 리포트는 정확한데 앵커멘트에 비약이 있는 경우와 예정이나 추정의 사실을 앵커가 기정사실로 오해하도록 전달하는 경우가 있다. 짧게 기사를 요약해 소개하면서 생기는 부족함이다.

앵커는 기사 전체를 다 읽고 멘트를 쓰기 때문에 시청자가 앞으로 기사를 시청하게 될 거라는 사실을 가끔 잊는 경우가 있다. 그러나 시청자는 앵커의 소개를 통해 기자 리포트를 시청하게 되고 어떤 경우에는 기사 전체는 못 보고 앵커멘트만 보게 되는 경우도 있다. 이를 고려할 때 앵커멘트 자체의 자족적인 정확성을 결코 가볍게 생각해서는 안 된다.

또한 앵커멘트에 과장된 표현을 자주 쓰게 되면 객관성이 떨어질 뿐 아니라 그 기사에 대한 신뢰성도 떨어져 방송을 보는 시청자들은 기사의 정확성까지도 의심하게 된다. 그러므로 과장된 표현을 많이 쓰지 않는 것이 좋다. 정확성을 해치는 앵커멘트의 사례들을 보며 어떻게 하는 것이 더 바람직한지 스스로 판단해 보자.

1 중요한 정보를 빠뜨리지 않는다

앵커가 기사를 소개할 때 중요 정보를 생략하면 기사의 정보는 왜곡되고 과장될 수 있다. 앵커멘트는 뒤에 오는 기사를 요약해서 소개하는 경우가 많은데 기사문에 중요 정보가 나오므로 굳이 여러 정보를 말하지 않는다. 그러나 대부분의 시청자들이 가만히 한자리에 앉아서 집중하며 뉴스를 듣지 않는다는 점을 감안하면, 시청자의 관심을 끄는 것보다 정확한 정보를 전달하는 면에 더 초점을 두어야 할 것이다. 다음 [예 2]를 보자.

[예 2] "100대 인물에 선정"

앵커멘트 | 김정일 북한 국방위원장과 삼성 이건희 회장이 세계에서 가장 영향력 있는 100대 인물로 뽑혔습니다.   (MBC, 2005. 4. 11)

이 앵커멘트를 문제 삼는 것은 가장 영향력 있는 100대 인물을 선정한 곳(미국 타임 지)이 생략되어 있기 때문이다. 물론 자막에 타임 지가 나오기는 하지만, 우리가 흔히 행하는 잘못된 관행(정보의 생성지를 밝히지 않거나 정확히 모르고 정보만을 되뇌이는)을 고쳐야 한다고 생각한다면 '미국 타임 지'라는 정보는 중요하므로 앵커멘트에서 밝혀 주는 것이 좋다(재미있는 점은 이 기사의 원래 제목은 "타임 100대 인물에 김정일 이건희"다).

이처럼 생략한 정보가 어떤 특정한 범주나 범위와 관련될 때는 그 정보의 생략으로 기사의 정보가 변질될 가능성이 있으므로 생략하지 않는 것이 좋다. 다음은 같은 기사의 다른 방송사 앵커멘트다.

앵커멘트 | 미국의 시사주간지 타임이 선정한 세계에서 가장 영향력 있는 100인에 이건희 삼성회장과 북한 김정일 국방위원장이 포함됐습니다.   (KBS, 2005. 4. 11)

자막이나 영상은 뉴스를 전달하는 주자료가 아니라 보조 자료다. 보조 자료인 영상에 타임 지를 띄우는 것보다(시각장애인도 뉴스를 듣지 않는가?) 앵커가 말로 선정한 곳을 정확히 알려 주는 것이 필요하다.

기자 리포트가 있기 때문에 앵커멘트가 그 자체로 완결성을 갖는 것이 중요하지 않으며 빠진 정보가 시청자의 관심을 더 증가시킬 수 있다고 생각하는 것은 앵커멘트의 언어적 완결성을 소홀히 생각하기 때문이다. 앵커멘트는 앵커멘트 자체로 완결성을 가져야 한다.

2 한쪽으로 몰아가는 멘트는 피한다

앞에서도 말한 것처럼 앵커멘트의 부정확성은 기사문의 부정확성 때문에 초래되는 경우가 많다. 다음 앵커멘트 [예 4]가 그런 예인데, 이 기사에서 자살한 사람의 정보를 어디까지 알려야 하는지 논의가 필요하다고 본다.

앵커멘트 | 서울 한 과학 고등학교 학생회장이 아파트에서 몸을 던져 스스로 목숨을 끊었습니다. 성적 하락을 비관한 것이 아닌가, 경찰은 보고 있습니다.   (MBC, 2005. 4. 11)

일반 고등학교가 아니라 과학 고등학교, 일반 학생이 아니라 학생회장이 자살했다는 사실이 기사의 초점이라면 앵커멘트에서도 역시 이를 밝혀야 하겠지만, 이러한 정보의 제공은 이렇게 공부를 잘하는 학생도 성적 하락 때문에 자살을 한다는 인과 관계를 정당화하기 위한 것으로밖에 해석되지 않는다. 그러나 학생의 자살 이유가 한 가지뿐일까? 공부 잘하는 학생의 자살은 성적 하락 때문일 뿐인가?

어쨌든 경찰이 이 학생의 자살 이유를 성적 하락 비관으로 추정한다면 이 기사에는 해설이나 논평이 필요하다. 성적 하락으로 자살하는 비율이 한 해 얼마이며, 이런 일을 줄이려면 부모가 어떤 주의를 해야 하는지, 심리적 원인은 무엇인지 등에 대한 해설을 해주면 이 기사는 단순히 학생의 자살 기사가 아닌 더 심도 있는 뉴스가 될 수 있을 것이다.

다른 방송사의 앵커멘트도 마찬가지다. [예 4]와 다른 점은 언어 표현에 있어 [예 4]가 구어적이며 쉬운 어휘(몸을 던져, 목숨을 끊다, 보고 있다)를 사용했다면 [예 5]는 문어적이며 한자어(투신자살, 추정)를 사용하고 있다는 점이다.[3]

[예 5] "성적 고민 투신"

앵커멘트 | 우리나라에서 손꼽히는 영재들만 모인다는 서울의 한 과학고등학교 학생회장이 아파트에서 투신자살했습니다. 좋은 성적을 지켜내야 한다는 강박관념을 견디기 힘들었던 것으로 경찰은 추정하고 있습니다.   (SBS, 2005. 4. 11)

다른 방송사와 차별되지 않는 기사와 앵커멘트로는 시청자의 시선을 고정시킬 수 없다. 짧은 시간 동안 정확하고 중요한 정보를 제공할 수 있으려면 남과 다른 시선과 논평이 필요하다. 다양화된 사회를 획일적인 잣대로 보는 관점이 고쳐지지 않으면 이런 치우친 정보의 전달은 계속될 것이다.

---

* 3) 구어적 표현과 문어적 표현, 고유어와 한자어의 사용은 앵커의 개성을 표현할 수 있는 언어적 장치이기도 한다. 28자가 더 사용된 [예 5]의 앵커멘트는 문어적이기 때문에 안정적이고 격식적인 반면 [예 4]의 앵커멘트는 구어적이기 때문에 안정적이지는 않지만 말투에 가까워서 시청자가 친근감을 느끼기 쉬운 장점이 있다.

3 과장된 표현은 기사의 신뢰도를 떨어뜨린다

앵커는 해설과 논평의 부담뿐 아니라 시청자의 눈을 고정시켜야 하는 부담감을 갖는다. 수려한 외모와 말솜씨로 시청자들을 사로잡기 위해 가끔은 과장된 표현의 유혹을 받는다. 그리고 과장된 표현의 상습적 사용은 스스로도 눈치 채지 못한 채 일상적 어법으로 굳어지게 된다.

[예 6] "일본인 테러 공포"

앵커멘트 | 중국에서 반일 시위가 확산되면서 중국 내 일본인들이 바짝 긴장하고 있습니다. 테러가 두려워서 외부 출입도 제대로 하지 못합니다. (MBC, 2005. 4. 11)

미국의 9.11 사건 이후로 뉴스에서 '테러'라는 말이 빈번하게 사용되고 있는데, 국어사전의 풀이를 보면 '온갖 폭력을 써서 남을 위협하거나 공포에 빠뜨리게 하는 행위'가 테러다. 물론 보도 기사에 따르면 반일 시위로 일본 식당의 유리창이 깨지기는 했지만 일본인들에게 직접적인 테러가 가해지지 않은 상태에서 앵커멘트만을 들으면 실제로 테러가 있었던 것으로 오해할 수 있다.

물론 반일 시위가 심각한 수준이어서 중국 내 일본인들이 극도로 긴장하고 있는 상태를 표현하는 단어로 '테러'만큼 적당한 말은 없다. 그러나 이런 폭력적인 단어는 가능하면 방송에 자주 나오지 않는 것이 좋다. '테러가 두려워서'는 '봉변을 당할까 봐' 정도로 하는 것이 낫다.

만약 취재 당시 중국 내 상황이 '공포를 느끼게 할 만큼' 심각했다면 오히려 다른 방송사들이 당시의 분위기를 정확하게 전달하지 못한 것일 수도 있다.

다음은 다른 방송사의 앵커멘트다.

앵커멘트 | 일본의 교과서 왜곡으로 촉발된 중국 내 반일 시위를 놓고 중일 양국이 감정 대립 양상을 보이고 있습니다. 중국은 그 책임을 일본에 떠넘겼고 이에 맞서 일본도 반격을 준비하고 있습니다. ○○○ 기자가 보도합니다.   (KBS, 2005. 4. 11)

[예 8] "경제 자신감 반영"

앵커멘트 | 소규모 집회도 보기 힘든 중국에서 연일 대규모 반일 시위가 이어지고 있습니다. 그 원인과 배경을 베이징 ○○○ 특파원이 짚어봤습니다.   (SBS, 2005. 4. 11)

[예 7]과 [예 8]은 같은 날 다른 방송사에서 다룬 중국 내 반일 시위에 대한 앵커멘트다. 반일 시위와 함께 중국과 일본의 책임론, 원인, 배경 등 심층적인 보도 기사를 예상할 수 있다. 반일 시위의 주변적인 테러 위협에 대해서는 어느 방송사도 언급하고 있지 않다. 반일 시위의 분위기가 어느 정도 심각한지를 전달하는 것도 좋지만 반일 시위의 원인, 두 정부의 움직임 등이 시청자의 안목을 더 높게 해 줄 것이다.

[예 9] "재건축 제동"

앵커멘트 | 정부의 각종 규제에도 불구하고 올 들어 서울 강남권 재건축 아파트의 가격 오름세가 <u>심상치 않습니다.</u> 정부가 부실 안전진단에 대해 직권조사에 나서는 한편 초고층 재건축을 절대로 허용하지 않겠다고 밝혔습니다.   (MBC, 2005. 4. 11)

[예 9]의 앵커멘트에 사용된 '심상치 않다'는 표현도 특정 방송사에서 자주 사용되고 있는데 같은 날 앵커멘트에 이 표현이 두 번이나 나온다. 그냥 '가격이 오름세를 보이고 있습니다'로 해도 될 것을 이렇게 표현한 것은 시청자들

의 관심 끌기에 너무 치중해 그런 것이 아닌가 싶다. 이미 많이 사용된 식상하고 과장된 표현으로 뉴스를 시청하는 시청자들에게 쓸데없는 위기감을 느끼게 한다.

다음은 같은 내용을 다룬 다른 방송사의 앵커멘트다.

[예 10] "재건축 직권 조사"

앵커멘트 | 최근 다시 강남지역을 중심으로 재건축 <u>아파트값이 치솟고</u> 있습니다. 건교부가 무분별한 재건축 추진에 제동을 걸기 위해서 안전진단 직권조사를 실시하기로 했습니다.

○○○ 기자가 보도합니다. (KBS, 2005. 4. 11)

[예 11] "긴급조사권 발동"

앵커멘트 | 아파트 재건축에 큰 이익을 기대하는 건 주민들도 마찬가지입니다. 최근 재건축 <u>아파트 가격이 급등세를 보이자</u> 정부가 다시 고삐를 바짝 조이고 나섰습니다.

○○○ 기자가 보도합니다. (SBS, 2005. 4. 11)

이 앵커멘트에서는 [예 9]의 '가격 오름세가 심상치 않다'에 대응하는 표현으로 '아파트 값이 치솟다, 아파트 가격이 급등세를 보이다'와 같이 과장되지 않는 표현이 쓰이고 있다.

4 비약은 위험하다

앵커멘트에 비약이 있는 경우 많은 예는 본 기사로부터 비롯할 때가 많다. 다음이 그 한 예로 이 기사에서 취재 기자는 현지인의 인터뷰 내용을 자신의 관점인 양 그대로 받아들여 보도해, 앵커 역시 '문맹 퇴치 학교 개설이 높은 교육열을 바탕으로 고속성장을 한 경험을 살린 것'이라며 인과 관계 구조로 기사를 소개하고 있다.

[예 12] "자이툰 교육 지원"

앵커멘트 | 이라크에 가 있는 자이툰 부대가 문맹 퇴치 학교를 열었습니다. 우리나라가 <u>높은</u> <u>교육열을 바탕으로 고속성장을 한 경험</u>을 살린 겁니다.   (MBC, 2005. 4. 11)

이러한 비약은 앵커멘트의 잘못이라기보다 기사문의 잘못이지만, 그것 외에도 '자이툰 부대의 문맹 퇴치 학교 개설'이 '높은 교육열을 바탕으로 고속성장을 한 경험을 살린 것'이라는 진술은 앞뒤 문장의 논리 연결이 어색하다.

이 어색함은 '양질의 교육' 또는 '교육 투자'(아니면 인터뷰대로 '높은 교육 수준')가 아닌 '높은 교육열'이라는 표현이 적당하지 않은 데서 비롯한다. '교육열'이라는 어휘는 긍정적인 의미 외에도 부정적인 의미를 갖고 있기 때문이다. '국가 발전을 위해서는 먼저 문맹 퇴치가 필요하다는(우선되어야 한다는) 우리나라의 경험을 살린 것입니다'로 고치면 논리적이고 비약이 없는 자연스러운 문장이 된다.

[예 13] "봄철 눈병 급증"

앵커멘트 | 황사에다 꽃가루까지 날리는 계절, 최근 안과병원마다 각막염과 결막염 환자가 급증하고 있습니다. 우선 눈을 비비지 말아야 합니다.   (MBC, 2005. 4. 12)

앞의 앵커멘트를 신봉하는 시청자라면 눈병에 걸리지 않았어도 거의 눈을 비비지 않을 것이다. 왜냐하면 위의 글은 '봄이 되어 눈병 환자가 급증하고 있고' 접속어 없이 '눈을 비비지 말 것'을 권고하고 있기 때문이다.

'우선 눈을 비비지 말아야 합니다' 부분을 빼거나 좀더 친절하게 '눈병에 걸린 분들은 절대로 눈을 비비시면 안 됩니다'라고 하거나 이 멘트가 너무 강하다 싶으면 '눈병에 걸린 분들은 눈을 비비지 않는 것이 좋습니다' 정도로 수정하는 것이 좋다. 명확하지 않은 접속으로 '비약된' 해석을 낳게 한 앵커멘트다.

5 예정, 추정의 사실을 기정사실로 오해하도록 쓰면 안 된다

예정이나 추정의 사실을 기정사실로 오해하게 하는 것은 정확성을 해치는 일이다. 이것은 기자나 앵커가 의도했든 안 했든 피해야 하는 태도다.

다음 [예 14]에서 본 기사의 내용은 한일, 중일 갈등에 대한 미국의 태도에 관한 것인데, 앵커멘트의 내용은 일본이 미국의 태도가 달라졌다고 생각해 일본 내에서 비판적인 목소리가 나오는 것으로 해석된다. 그러나 이것은 추정일 뿐이고 본 기사에서도 크게 뒷받침되지 않는다(본 기사에서는 일본 정가의 일부 비판적 목소리를 일본 대외정책의 기류 변화로 읽는 것은 시기상조라는 정부 당국자의 말이 인용되어 있다).

[예 14] "고립 위기감"

앵커멘트 | 이런 일본 내 목소리는 공교롭게도 최근 한일, 중일 갈등이 불행한 일이라고 미국이 언급한 것과 그 시기를 같이 합니다. 미국의 태도가 좀 달라졌다는 판단 때문인지, ○○○ 기자가 보도합니다.   (MBC, 2005. 4. 11)

기사의 부정확성은 표현의 부정확성에서 비롯하는 경우가 많은데, 이 예에서 '때문인지'라는 표현도 고쳐야 한다. '때문인지'는 주로 뒤에 '모르다, 물어보다' 등이 오는, 다시 말해 '때문인지' 앞의 내용은 기지의 사실이 아닌 미지의 사실로 정확하다고 말하기 어려운 내용이다. 시청자들의 궁금증을 자아내기 위해 사용된 '때문인지'는 결국 표현의 부정확성으로 앵커멘트의 정확성을 떨어뜨리게 된 것이다.

주체를 명확하게 명시해 '일본이 미국의 태도에 변화가 생겼다고 판단해서 그런 것인지'로 바꾸든지 아니면 '때문인지'가 아니라 '미국의 태도가 좀 달라졌다는 판단에서 나온 것인지' 정도로 수정하는 것이 좋다. 다음은 같은 기사를 다룬 다른 방송사의 앵커멘트다.

[예 15] "발 빼는 미국"

앵커멘트 | 한중일 세 나라의 외교 분쟁에 대해서 미국은 앞으로 어떤 입장을 취할까요? 일본의 고립 외교에 대한 우려로 미국이 최근에는 한발 빼는 분위기입니다. ○○○ 기자의 보도입니다.

(KBS, 2005. 4. 12)

다음 앵커멘트도 마찬가지다. 기사는 개인 정보의 열람 사실을 보도하고 있는데 앵커는 개인 정보의 유출을 보도하고 있다. 이런 보도로 국민들은 더 큰 두려움을 느끼게 된다.

[예 16] 개인정보 멋대로

앵커멘트 | 전자정부를 추구하는 우리나라는 개인정보가 공공기관에 고스란히 등록돼 있어, 엄격한 관리가 필수입니다. 그런데 국민연금 관리공단에서는 사생활과 관련된 개인정보가 쉽게 열람되고, 또 유출됩니다.

(MBC, 2005. 4. 12)

---

6 자신의 표현을 다른 사람의 표현인 양 사용해서는 안 된다

다음 예는 다른 사람의 말이나 행동을 인용하여 앵커멘트를 작성한 예인데, 다른 사람의 표현을 자신의 표현으로 바꾸어 원래 말한 사람의 뜻을 과장하거나 왜곡한 것이다.

[예 17] "줄줄이 봐주기"
앵커멘트 ǀ 법원이 불법 정치자금을 받은 정치인들에 대해 납득할 수 없는 이유를 내세워 형량을 터무니없이 줄여준다고 한 법대 교수가 지적했습니다. 특히, 사람들의 관심이 줄어드는 항소심에서 이런 일이 벌어지고 있습니다.　　　　　　　(MBC, 2005. 4. 13)

위 앵커멘트만 보면 법대 교수가 '터무니없이 형량을 줄여준다'고 말한 것처럼 생각할 수 있다. 그러나 본 기사의 인터뷰 내용을 보면 법대 교수는 '터무니없이'라는 과장된 표현을 사용하지 않았다. 앵커의 개인적 표현 방식을 다른 사람이 한 것처럼 표현하는 것은 자신의 말에 대한 책임을 전가하는 것이다.

4
판단은 시청자들의 몫이다

기사문은 정확하고 객관적이어야 한다. 그러나 언론의 비판적 성격은 가끔은 객관성에 흠집을 내는 잘못을 범하게 한다. 특히 앵커의 경우, 해설과 논평을 해야 하기 때문에 주관적인 멘트를 하는 것이 본연의 임무이기도 하다. 그러나 눈에 띄게 객관성을 해치는 것은 균형 감각을 갖추어야 하는 앵커 본연의 임무에서 벗어나는 것이므로 조심해야 한다.

앵커는 기사를 해설하거나 논평할 때 한쪽으로 치우치지 말고 시청자들이 기사에 대해 판단할 수 있는 여지를 주어야 한다. 그렇지 않고 주관적 입장을 나타내다 보면 다시는 그 채널의 뉴스를 보지 않는 사람들이 늘어날 것이다.

때때로 기자 리포트는 객관적인 보도를 하고 있는데 앵커의 멘트만이 유달리 다른 논조를 갖는 경우도 있다. 기자 리포트와 앵커멘트는 통일성을 가져야 하는 보도 텍스트로 기자와 앵커는 같은 목소리를 유지하는 것이 좋다. 특히 주관적 보도 태도는 방송 언어의 공정성을 해치는 가장 큰 요인이다.

1 주관적 견해를 밝히지 말자

뉴스를 만드는 제작진들은 자사의 방송을 주로 시청하는 시청자층을 의식하지 않을 수 없다. 대부분의 시청자들이 자신의 입맛에 맞는, 다시 말해 정치적 입장이 같거나 지지하는 세력이 같은 방송사의 뉴스를 보기 때문이다. 다양화된 사회에서 다양한 채널이 등장하고 다양한 의견들이 공존하는 지금 방송국마다 여당 내지는 야당의 성격을 갖는 것은 지극히 자연스러운 일이다.

그러나 방송의 공공성을 생각하면 뉴스를 전달하며 지극히 주관적인 견해를 표명하는 것은 시청자들이 사건을 정확하게 보지 못하게 하기 때문에 가능하면 객관적인 보도 태도를 유지하는 것이 바람직하다. 다음은 세 방송사의 입장 차이가 분명하게 드러나는 앵커멘트다.

[예 18] "독립 운동 당연"

앵커멘트 | 역사학자인 강만길 광복 60주년 기념사업 추진위원장은 오늘 북한 김일성 주석의 항일 투쟁도 당연히 우리 민족의 독립 운동으로 봐야 한다고 말했습니다. 역사적인 사실과 그 공개적인 언급 사이의 긴장이 느껴집니다. (MBC, 2005. 4. 11)

[예 18]의 앵커멘트를 보면 "김일성 주석의 항일 투쟁도 독립 운동으로 봐야 한다는 것"이 표면화되지는 않았지만 많은 사람들이 역사적 사실로 인정하는 것으로 그것을 강 위원장이 언급한 것뿐이며, 기사 내용은 공개적인 언급이 주는 긴장감에 초점이 맞춰져 보도될 것이라고 추정하게 된다.

그러나 실제 기사 내용을 보면 강만길 위원장이 "김일성 주석 등 사회주의 계열의 항일 투쟁도 독립 운동사에 포함시켜야 한다는 평소의 학문적 견해"를 강조해 말한 것이고, 기사화된 것은 이 사람이 광복 60주년 기념사업 추진위원장으로서 개인적 입장을 밝혔기 때문이다.

'역사적 사실과 공개적 언급'이라는 표현은 주관적인 앵커의 관점을 그대로 표현한 것으로 시청자들에게 '김일성의 항일 투쟁도 독립 운동'이라는 사실을 기정사실로 받아들이게 한다. 그러나 다른 두 방송에서는 앵커의 이런 주관적인 견해를 찾기 어렵다.

앵커멘트 | 강만길 광복 60주년 기념사업 추진위원장이 김일성 전 북한 주석도 항일 빨치산 활동도 독립 운동이라고 말해 논란이 일고 있습니다. 보도에 ○○○ 기자입니다.

기자멘트 | 역사학자 강만길 광복 60주년 기념사업 추진위원장은 오늘 북한 김일성 전 주석의 항일 운동도 독립 운동으로 봐야 한다고 밝혔습니다. 상해임시정부 기념식과 관련된 기자 간담회를 갖던 중 김 전 주석의 항일 빨치산 활동에 대해 어떻게 생각하느냐는 한 기자의 질문에 좌든 우든 일제시대의 독립 운동은 어디까지나 독립 운동이라며 말한 내용입니다.

(KBS, 2005. 4. 11)

앵커멘트 | "김일성 전 북한 주석의 항일 빨치산 운동도 당연히 독립 운동으로 인정해야 한다." 강만길 교수가 광복 60주년 기념사업 추진위원장 자격으로 이렇게 주장해 논란이 일고 있습니다. ○○○ 기자가 보도합니다.

(SBS, 2005. 4. 11)

[예 19]의 앵커멘트는 광복 60주년 기념사업 추진위원장이 김일성 전 북한 주석의 항일 빨치산 활동을 독립 운동이라고 말해 논란이 일고 있다는 사실 보도에 초점을 맞추고 있고, [예 20]도 광복 60주년 기념사업 추진위원장 자격으로 자신의 개인적 주장을 밝혀 논란이 되고 있음을 객관적 사실로 언급하고 있다. 앵커가 자신의 견해를 밝혀야 할 때도 있겠지만 이는 국민의 공감대 위에서 해야 하는 것이며 예민한 사항에 대해서는 시청자들이 스스로 판단하도록 하는 것이 객관적이고 공정한 보도 태도라 하겠다.

다음 앵커멘트를 보면 앵커의 태도가 법정의 위증자에게 아주 관대함을 느낄 수 있다. 앵커가 의도하지 않았던 태도로 보이는데 이런 해석을 낳게 된 것은 문장을 제대로 쓰지 않았기 때문이다.

[예 21] "거짓말했다간"

앵커멘트 | 법정에 증인으로 나섰을 때, 거짓말을 하면 어떤 처벌을 받게 될까요? 정에 못 이겨, 또는 유혹에 넘어가 그럴 수도 있을 텐데, 최근 징역형을 받고 법정 구속되는 일이 잇따르고 있습니다.　　　　　　　　　　　　　　　　　　　　　　　　(MBC, 2005. 4. 12)

'… 그럴 수도 있을 텐데'와 같이 애매한 태도를 표현하는 문장을 사용하지 말고 '위증자들은 피고인과의 친분이나 금전 같은 유혹에 넘어가 위증하는 경우가 종종 있는데 위증한 것이 밝혀지면 법정 구속까지 될 수 있습니다' 정도로 하여 주관적인 태도를 드러내지 않아야 한다.

2 감정적 표현은 피하자

객관적 태도를 유지하려면 감정적 표현은 자제해야 하며 선택하는 어휘나 표현에 신중을 기해야 한다. 그러나 앵커들은 시청자의 관심을 끌기 위해 정서에 호소하는 감정적 표현을 자주 사용한다. 이런 감정적 표현은 시청자를 잠시 붙들어 놓을 수 있을지는 모르지만 편파적인 방송이라는 강한 불만을 야기할 수도 있다.

객관적이지 못한 감정적 어휘 사용으로 다음 [예 22]의 앵커멘트에서 사용된 '의혹'이라는 단어를 예로 들 수 있다.

[예 22] 핵심 연결고리

앵커멘트 | 이번 <u>의혹</u> 사건은 철도청의 유전사업 참여를 설득하면서 이광재 의원을 거명했고, 또 북한 골재반입 사업까지 추진한 허문석 씨가 <u>의혹</u>의 핵심 인물로 주목받고 있습니다. 허씨는 오늘 감사원에 출두하기로 약속했지만 아직 귀국하지 않고 있습니다.　(MBC, 2005. 4. 11)

앵커는 '이번 사건은' 혹은 '철도청 유전개발 사건은' 등 사실을 설명하는 표현을 사용할 수 있는데 계속해서 '의혹 사건'이라는 표현을 남용하고 있다.

의혹이 있는 것은 사실이지만, 의혹이 초점이 되지 않는, 즉 사건을 지칭하는 표현에 '의혹'이라는 단어를 사용하는 것은 바람직하지 않다. 또한 '이번 의혹 사건'이란 표현도 자연스럽지 않을 뿐 아니라 '이번 의혹 사건은 … 이광재 의원을 거명했고' 문장은 주술 호응도 안 되는 비문이다. 다음은 다른 방송사의 같은 기사로 [예 22]와 마찬가지로 '의혹'을 사용하고 있다.

[예 23] "산자부 허가도 의혹"

앵커멘트 | 철도공사의 유전개발 의혹을 둘러싼 여야 공방의 불길이, 국회로 옮겨 붙으며 갈수록 확산되는 모습입니다. 한나라당의 총공세에, 열린우리당은 정치 공세이자 사기극이라고 맞섰습니다. 먼저 ○○○ 기자입니다.

(SBS, 2005. 4. 11)

[예 24] "안 오나? 못 오나?"

앵커멘트 | 이 문제의 사업을 철도공사에 연결해준 허문석 씨가 북한에서 모래를 채취할 수 있는 권리도 갖고 있는 것으로 밝혀졌습니다. 이번 의혹에서 허씨가 어떤 역할을 했는지가 관심사지만, 허씨는 해외에서 아직도 귀국하지 않고 있습니다. 이어서 ○○○ 기자입니다.

(SBS, 2005. 4. 11)

게다가 [예 23]에서는 '여야 공방의 불길이 국회로 옮겨 붙었다'는 지극히 자극적인 표현을 사용하고 있다. 우리는 모두 불길 속에 사는 불쌍한 국민인가 보다.

> ### [예 25] "무료 급식 줄였다"
>
> **앵커멘트** | 고등학교의 무료 급식 학생 숫자를 줄이라는 서울교육청의 지시가 있고 나서 빵과
> 음료수로 점심을 때우는 학생들이 부쩍 늘었습니다. 예산을 다른 데서 줄일 데가 없을까 답답
> 합니다.   (MBC, 2005. 4. 13)

'답답한 일입니다'는 앵커의 감정이 담긴 표현으로 적당히 사용하면 국민들의 답답함을 속시원하게 대신 말해 주었다는 점에서 친근한 표현으로 사용될 수 있다. 그러나 위의 사건에 대해서 감정적인 어휘 사용보다 좀더 실질적인 방안을 강구하는 것을 촉구하는 멘트를 사용했으면 하는 아쉬움이 있다. 무료급식을 줄인 이유가 무엇이고 그것은 타당한지, 타당하지 않다면 어떤 측면에서 그런지, 이에 대한 대책은 어떻게 세우는 것이 좋을지에 대해 좀더 진지하고 책임감 있는 태도를 보여 주었으면 좋겠다.

외국의 예를 보면 텔레비전 앵커의 말 한 마디로 국가 정책이 변화의 물결을 탄 경우도 있다. 앵커의 냉철한 비판 의식이 국민들의 생각에 영향을 주어 여론을 조성하였기 때문이다. 그리고 이런 배경에는 앵커가 책임감 있고 균형 잡힌 시각을 가지고 있으며 역사와 상황을 파악해 낼 수 있는 언론인으로서의 능력을 가지고 있다는 시청자들의 믿음이 있었다. 감정에 충실한 앵커보다 객관적이며 냉철한 앵커를 기대해 본다.

5

가장 논리적이어야 한다

 학술적인 글, 또는 자기 생각을 주장하는 글이 갖추어야 하는 중요한 요건 중 하나는 논리성이다. 기자나 앵커는 사건을 통찰할 수 있는 지식과 견문을 갖춘 사람들로 논리성을 제일 큰 무기로 가지고 있어야 한다.

 그러나 앵커멘트나 기자 리포트 중에는 논리성에 문제점이 있는 예들이 간혹 발견된다. 기사문이 비논리적이기 때문에 앵커멘트가 논리성에 어긋 난 유형이 있고, 앵커멘트가 기사문의 논리성과는 맞지 않는 비논리적인 유형이 있다.

 먼저 기사 내용과 초점이 다른 앵커멘트의 예를 보며 앵커멘트의 논리성이 얼마나 중요한지 살펴보도록 하겠다.

 앵커멘트와 기자 리포트, 영상과 자막은 하나의 세트가 되어 통일성을 가져야 한다. 방송 기사라는 한 텍스트가 완결성을 갖추기 위해서는 영상과 자막의 통일성도 중요하지만 앵커멘트와 뒤이어 나오는 기자 리포트 간의 통일성이 가장 잘 갖추어져야 한다.

 텍스트의 통일성은 다른 말로 하면 '논리성'이라고 할 수 있는데 앵커멘트와 기자 리포트가 논리적으로 연결되어야만 시청자는 기사 내용을 정확히 파악할 수 있다. 그러나 가끔은 이런 논리성을 지키지 못하는 앵커멘트가 발견되기도 한다.

 다음 [예 26]은 기사 내용과는 다른 앵커멘트다. 기사 내용은 담낭염이 남성에게 더 심각한 합병증을 유발한다는 내용이 아니라 남성이 여성보다 더 짧은 시간에 담낭염의 증세가 악화되고 남성의 경우 담즙 통로에 지방질이 적어 여성보다 더 위험하다는 내용이다. 앵커멘트의 내용은 정확한 정보가 아닐 뿐 아니라 기사문과 비교했을 때 논리성에 문제가 있다. 앵커멘트만 들은 시청자는 담석증의 합병증에 대해 궁금해 할 것이다.

[예 26] "남성에게 치명적"

앵커멘트 | 쓸개에 생긴 돌 때문에 염증이 생기는 것을 담석증, 또는 담낭염이라고 하는데, 남성에게 더 심각한 합병증을 일으킬 수 있다는 연구 결과가 나왔습니다.

기자 멘트 | 60대인 이 남성은 최근 쓸개를 제거하는 수술을 받았습니다. 3년 전 생긴 담석이 급성 염증을 일으켜 쓸개가 터지고 복막염까지 진행됐기 때문입니다.

인터뷰 | "한 서너 달 안 아팠습니다. 하루 저녁에 갑자기 아프기 시작하는데 이루 말할 수 없이 아파요."

기자 멘트 | 분당 서울대 병원이 과거 6년간 쓸개 제거 수술을 받은 환자를 조사한 결과, 남성이 여성보다 더 짧은 시간에 증세가 악화되고 위험한 것으로 나타났습니다. 남성이 여성보다 담즙의 통로에 지방질이 적은 것이 원인입니다.

인터뷰 | "남자가 지방질이 적어서 (담석이) 내려갈 때 쿠션 역할을 하는 게 적어서 더 심한 증상이 나타나지 않나 추정하고 있다."

기자 멘트 | 담석증은 저녁 식사하고 한두 시간 뒤나 한밤중에 쥐어짜는 듯한 복통을 일으키는 경우가 많습니다. 담석이 생기는 정확한 원인은 밝혀지지 않았지만, 지방이 많은 음식과 과식 등이 병을 일으키는 원인으로 추정됩니다. 전문의들은 담석증은 복부 초음파 검사로 간단히 발견할 수 있기 때문에 정기적인 검진으로 조기 발견하는 것이 중요하다고 강조합니다.

(MBC, 2005. 4. 11)

[예 27]도 앵커멘트만 보면 김형욱 피살 사건과 직접적인 관련은 없는 어떤 사람이 이러한 주장을 제기한 것처럼 보인다. 그러나 기사 내용을 보면, 당시

중앙정보부의 특수공작팀원 가운데 한 사람이 자신이 김형욱을 죽였다고 말하고 있는 기사다. 그러므로 '중앙정보부 특수 요원이 … 주장하였다'는 식으로 써야 한다.

[예 27] "양계장서 피살"

앵커멘트 | 지난 79년 파리에서 실종된 김형욱 전 중앙정보부장은 당시 중앙정보부 특수요원들에 의해 납치돼 파리 근교 양계장에서 살해됐다는 <u>주장이 나왔습니다.</u> (MBC, 2005. 4. 11)

다른 방송사의 앵커멘트를 보자.

[예 28] "내가 살해했다"

앵커멘트 | 다음 소식입니다. 70년대 박정희 정권 당시 실종됐던 김형욱 전 중앙정보부장을 직접 살해했다는 사람이 한 언론을 통해서 보도됐습니다. 중앙정보부 특수공작원이었다고 밝힌 이모 씨는 박정희 대통령을 만난 뒤 국가를 위해서 김형욱을 프랑스 파리 근교에서 살해했다고 주장했습니다. ○○○ 기자가 전해 드립니다. (KBS, 2005. 4. 11)

[예 29] "양계장서 살해" 주장

앵커멘트 | 그동안 갖가지 억측이 나돌고 있는 김형욱 전 중앙정보부장의 행방과 관련해 주목할 만한 주장이 또 하나 제기됐습니다. 당시 중정의 비밀 공작원이 김씨를 파리 근교의 양계장에서 무참히 살해했다는 내용입니다. ○○○ 기자가 보도합니다. (SBS, 2005. 4. 11)

[예 28]은 분명하게 살해를 주장한 사람을 밝히고 있고, [예 29]는 [예 27]처럼 주장한 사람을 밝히고 있지 않다. 앵커멘트의 주 기능이 기사의 요약은 아니지만 위의 앵커멘트는 요약과 주위 환기의 두 기능이 혼합된 것으로 사건 보도의 핵심 정보인 '누구'(주장한 사람)를 밝혀 주는 것이 기자 리포트와의 긴밀

성을 높여 줄 뿐 아니라 시청자가 기사에 대해 오해하지 않게 하기 때문에 [예 28]의 앵커가 멘트를 더 잘 썼다고 할 수 있다.

다음의 앵커멘트를 보면 소개되는 기사가 날씨 기사인지 반달곰에 대한 기사인지 감을 잡기가 어렵다.

[예 30] "겨울잠 깼다"

앵커멘트 | 올해는 봄꽃도 늦게 피더니 지리산 반달곰의 겨울잠도 역시 길었습니다. 예년보다 늦게 엊그제부터 겨우 잠을 깨고 봄을 맞았습니다.　　　　　　　　　　　　(MBC, 2005. 4. 11)

물론 영상에 반달곰이 등장해 앵커멘트의 부족함을 메워주겠지만 앵커멘트 자체로는 부족함을 느끼게 한다. 반면에 다른 방송사의 다음 앵커멘트는 기사의 내용을 쉽게 짐작할 수 있게 해 준다.

[예 31] "봄기운에 기지개"

앵커멘트 | 지난 해 가을 러시아에서 들여와 지리산에 풀어놓은 반달가슴곰 새끼 6마리가 기나긴 겨울잠에서 깨어났습니다. 혹시 마주치시더라도 먹이는 주지 말고, 그냥 쫓아 달라는 게 전문가들의 당부입니다. ○○○ 환경전문기자가 전해드립니다.　　　　　(SBS, 2005. 4. 11)

아래 기사는 기사 자체가 논리적이지 않아 생긴 비논리적인 앵커멘트다.

[예 32] "그래도 강남으로"

앵커멘트 | 대학입시에서 <u>내신 비중이 높아졌는데도</u> 서울 강남지역 고등학교의 선호도, 꺾이지 않고 있습니다. 지난해 전학한 중 3 학생들 가운데는 강남 전입 학생들이 가장 많았습니다.

　　　　　　　　　　　　　　　　　　　　　　　　　　　　(MBC, 2005. 4. 11)

내신 비중이 높아졌는데도 여전히 강남을 선호한다는 표현을 하려면, 지난해에 강남으로 전학 간 중3 학생의 비율이 아니라 교육 정책 발표 전과 후의 통계 자료를 비교해 보도해야 하는데 지난해 전학한 학생들에 대한 내용만 전하고 있다. 그리고 '고등학교의 선호도'는 '고등학교에 대한 선호도'라고 하는 것이 좋다.

6
논쟁이 있는 곳에 논평이 필요하다

기사의 내용에 따라 해설이나 논평이 있으면 하고 기대하는 경우가 있다. 비교적 사실 관계가 단순한 기사는 기자가 충분히 사실 보도를 할 것이기 때문에 기자 리포트를 요약해서 전해 주는 것보다 해설이나 논평을 곁들이는 것이 좋다.

다음 기사의 경우 앵커멘트의 내용은 본 기사에서 모두 소개될 것이기 때문에 원어민 영어 강사에 대한 해설이나 기사에 대한 논평을 덧붙이는 것이 더좋다. '요즘 원어민 영어 강사가 초등학생을 둔 학부모들에게 큰 인기입니다'라든지 '원어민 영어 강사의 자격 심사를 앞으로 강화해야 합니다' 등의 해설이나 논평을 덧붙이는 것이 앵커로서의 전문성을 보여 주는 것이다.

[예 33] "엉터리 영어 강사"

앵커멘트 | 가짜 미국대학 졸업증명서로 초등학교에서 영어를 가르쳐 온 외국인이 붙잡혔습니다. 알고 보니 주한미군에서 근무했던 고등학교 중퇴자였습니다.　　　　(MBC, 2005. 4. 11)

다른 방송사의 앵커멘트 [예 34]를 보면 간접적인 논평으로 해석되는 '확인'이라는 말이 나온다. 위의 앵커멘트에서는 보기 어려운 문제 제기가 두 문장 안에 함축되어 있다.

앵커멘트 | 가짜 학위증으로 버젓이 국내에서 영어강사를 하며 돈을 버는 외국인들이 아직도 많습니다. 이들은 아무도 의심하지도, 확인하지도 않았다고 말합니다. ○○○ 기자입니다.

기자 멘트 | 방과 후 초등학생들이 영어를 배우느라 한창입니다. 이 수업의 강사는 영어권 국가에서 태어난 원어민으로 4년제 대학을 졸업하고 취업 비자가 있어야 합니다.(KBS, 2005. 4. 11)

[예 35]를 보면 '수시로 들락나락'이라는 제목이나 앵커멘트의 '수시로'라는 표현이 김 전 회장 또는 정부에 대해 비판적 시각을 갖고 있음을 드러낸다. 그러나 구체적으로 비판의 내용이 무엇인지 그래서 정부가 어떻게 해야 한다는 논평은 없다.

앵커멘트 | 지난 주말 베트남 호치민에 나타났던 김우중 전 대우그룹 회장은 호텔에 약 20시간 정도 머무르다 떠났습니다. 김 전 회장은 베트남을 수시로 드나든다고 합니다.

(MBC, 2005. 4. 11)

기사 내용에 대한 판단을 시청자들에게 맡긴 상당히 객관적인 보도 태도라고 할 수도 있겠지만 오히려 국민들의 여론을 떠보려는 무책임한 태도로 비쳐진다.

문법에 맞고 자연스러운 멘트가 가장 좋다

정확성, 객관성, 논리성은 정확하고 논리적인 사고와 관련되며 인간의 사고는 언어로 표현되기 때문에 보도문을 쓸 때 문법에 맞고 자연스런 문장을 써야 하는 것은 당연하다. 보도 문장 쓰기에 대한 지침은 다른 장에서 상세하게 다루어지기 때문에 여기에서는 앵커멘트에서 주로 발견되는 잘못 몇 가지를 예로 들어 중요한 사항만을 짚어 보도록 하겠다.

1 명확한 표현은 기본이다

앵커는 사건의 원인을 분석해 멘트로 사용하는 경우가 많다. 그런데 간혹 분석 원인에 대해 앵커멘트가 어정쩡한 태도를 취해 시청자를 더 혼돈스럽게 하는 경우가 있다. 이것은 앵커가 앞에서 언급한 소임, 즉 해설이나 논평에 대한 의무감에서 논평은 했지만 자신이 없는 데서 비롯한 것으로 비쳐진다. 원인 분석과 같은 논평을 할 때는 좀더 명확한 표현을 사용해 시청자를 혼돈시키지 않고 양질의 정보를 제공할 수 있어야 한다. 다음 예를 보자.

위의 예에서 밑줄 친 "시차 때문이라는데"라는 표현은 이 말이 핑계에 불과하다는, 즉 국제 유가는 떨어졌지만 국내 휘발유 값이 떨어지지 않은 것이 시차 때문이라는 것이 핑계일 뿐이라는 의미로 들린다. 그러나 기사 내용을 보면, 이는 전문가의 타당한 견해다. 그러므로 '시차 때문에 그렇다고 하는데 이번 주 휘발유 값은 또 오른다고 합니다' 정도로 고쳐서 비판적인 어조가 아닌, 사실 보도의 어조가 되도록 해야 한다.

2 호응이 이루어진 문장을 쓰자

문학 작품이나 재미있는 이야기를 쓸 때는 안 쓰던 참신한 표현을 만들어 쓰는 것이 좋지만 보도문의 경우는 여러 층의 시청자들이 이해할 수 있어야 하기 때문에 일반적인 문법을 사용해야 한다. 주술 호응이나 목적어─서술어 호응의 경우도 마찬가지인데 색다른 주어─서술어 호응 표현은 보도문에서는 삼가는 것이 좋다.

[예 37]에서 "의문점이 드러나다"는 주술 호응이 어색하다. 일반적인 표현인 "사실이 드러나다, 의혹이 생겨나다, 의문점이 생기다" 정도로 수정하는 것이 좋다. 그리고 "있는가 하는 물음이 또 추가됩니다"에서 '또'는 불필요한 요소이며 '물음이 추가되다'도 어색하다. 그냥 "있는지 궁금합니다" 또는 "의심스럽습니다" 정도로 고치는 것이 좋다.

> **[예 37]** "걸치레 조사"
>
> **앵커멘트** | 이 사건에 대한 조사와 언론보도가 계속되면서, <u>새로운 의문점들이 계속 드러나고 있는데</u> 그렇다면 감사원 감사는 과연 제대로 진행되고 있는가 하는 물음이 또 추가됩니다.
>
> (MBC, 2005. 4. 11)

다음 [예 38]에서도 '논란의 근거를 따지다'가 아니라 '논란의 내용과 이유를 따지다'로 해야 더 자연스럽다. 또한 '-를 두고'가 생략된 것으로 해석할 수 있으나 구어성이 지나치다.

> **[예 38]** "금연효과 공방"
>
> **앵커멘트** | 작년 말 담뱃값을 500원이나 올렸는데, 담뱃값을 올리면 흡연율이 과연 떨어지는가? 정부와 담배회사가 서로 다른 주장을 하고 있는데 <u>논란의 근거를 ○○○ 기자가 따져봤습니다.</u>
>
> (MBC, 2005. 4. 11)

그 밖에 "떨어지는가?"도 '떨어질까요'로 고치는 것이 좋다. 그리고 연결어미 '-는데'도 어색하다. '정부와 담배회사가 서로 다른 주장을 하고 있습니다. 그 주장과 근거를 …' 정도로 고치는 것이 좋다. 또 담배회사와 공방을 벌이고 있는 것은 보건복지부이므로, '정부'라는 표현보다는 '보건복지부'라고 명확히 밝히는 것이 좋다.

3 서술어를 빠뜨리지 말자

필요한 성분이 빠지면 문장이 어색하다. [예 39]의 밑줄 친 문장 "부담은 물론이고"는 '부담' 뒤에 서술어가 누락되어 어색해진 문장이다. 명사구로 표현하려면 '서민 가계의 부담'이라고 하거나 '부담이 됨은 물론이고'로 고쳐야 자연스런 문장이 된다.

[예 39] "물가 심상치 않다"

앵커멘트 | 요즘 물가가 심상치 않습니다. 기름 값에다 학원비, 과일값 등도 크게 올라 <u>서민 가계에 부담은 물론이고</u> 경기 회복에도 찬물을 끼얹지 않을까 우려됩니다.   (MBC, 2005. 4. 11)

---

4 아무 성분이나 생략하지 말자

앵커멘트나 기자 리포트 모두 정해진 시간에 맞춰 기사를 보도해야 하기 때문에 문장을 줄이는 노력이 필요하다. 그러나 그렇다고 꼭 필요한 성분을 생략하게 되면 앞의 예처럼 국어답지 않은 표현이 되거나 중의성이 생겨 문제가 된다. 다음이 그런 예다.

[예 40] "허위제보 우롱"

앵커멘트 | 청송감호소 탈주범 이낙성 씨가 지난 주말 강화도에서 <u>전화를 걸었다는 신고가 들어와</u> 경찰이 강화도 일대에서 모든 차량을 세우고 집중적인 검문검색을 벌였는데 이 신고가 허위사실이었던 것으로 드러났습니다.   (MBC, 2005. 4. 11)

[예 40]의 밑줄 친 부분은 제보의 내용이 '누군가 탈주범이 전화 거는 것을 보았다'는 것인지, '자신에게 전화를 걸어 왔다'는 것인지 명확하지 않다. 기사의 내용상 '자신에게' 정도를 넣으면 중의적인 해석이 생기지 않는다.

방송 문장은 영상과 함께 입으로 전달되기 때문에 국민들의 언어 생활에 미치는 파급력이 크다. 앵커가 의식하지 못하고 사용하는 언어 습관이 사람들

사이에 심심치 않게 회자되는 경우를 보면 앵커가 국민의 언어생활에 미치는 영향력이 적지 않음을 알 수 있다.

해박한 지식을 바탕으로 순발력과 균형 감각을 유지하며 뉴스를 진행하는 앵커는 남과 다른 개성을 지니며 시청자들을 사로잡아야 한다. 이를 위해서 외양적인 것도 중요하겠지만 무엇보다 기본적인 문장 능력이 필수다. 친근감을 주고 관심을 끌기 위한 멘트를 하다 보면 정확하지 않은 정보를 말하거나 주관적이고 자극적인 표현을 사용하기 쉽다.

이제까지 우리나라 방송사의 앵커는 다소 딱딱하고 비개성적이었기 때문에 여기서 벗어나려는 앵커들의 노력은 높이 평가할 만하다. 이런 노력과 더불어 국어에 대한 해박한 지식을 바탕으로 국민들의 언어생활을 좀더 향상시키고 순화시킬 수 있는 모범을 보인다면 방송 뉴스의 앵커는 말 그대로 '앵커(닻)'가 될 수 있을 것이다.

4부

보도문,

이렇게 작성한다

1

보도문 작성 시 기자의 태도는?

우리는 텔레비전 방송 보도문이 객관적이고 공정하며 정확한 사실을 보도할 것이라고 기대한다. 이는 물론 텔레비전 방송 보도문에만 국한된 것은 아니다. 언론 보도에 대해서 독자나 시청자는 기사가 사실을 그대로 전달하기를 원한다. 언론 기관 역시 독자나 시청자에게 그러한 약속을 하고 있다.

그런데 텔레비전 방송 보도문의 실제는 그렇지 않다는 지적이 많다. 객관성이나 공정성이 떨어지는 텔레비전 방송 보도문에 대한 지적이나 비판의 글이 계속 발표돼 왔다. 언론 보도가 갖추어야 할 기준에 대한 논의도 많이 이루어졌으며 그러한 기준에 어긋나는 실제 방송 보도문의 사례도 계속 지적되었다.

방송 보도문은 기본적으로는 제보 기능을 가지는 텍스트라고 할 수 있다. 그러므로 사실을 수용자에게 알려 주는 기능을 잘 수행할 수 있도록 언어 표현을 구성한다. 그런데 제보라는 목적을 달성하기 위해서 제보적 기능을 방해하거나 제보적 기능에 위배되는 역설적 상황이 발생하기도 한다. 이것은 '사실'과 '사실'의 인지, 그리고 '사실'의 제보라는 매우 단순해 보이는 절차가 매우 복잡한 과정을 포함한다는 것을 의미한다.

사실은 뉴스라는 형식을 통해 기자에 의해 시청자에게 전달된다. 사실과 전달은 원칙적으로는 갈등 관계에 있지는 않다. 그러나 기자는 어떤 특정 사실을 시청자가 중요하게 받아들이기를 원하므로 동일한 사실이라도 더 잘 전달될 수 있는 표현을 선택한다. 이때 그 사실이 좀더 중요하거나 특이하다는 느낌을 시청자가 받도록 표현을 과장할 가능성이 있다. 그러한 과장에는 정서적인 반응을 유발하기 위한 표현까지 포함된다. 기자는 시청자가 자신의 보도 내용을 정서적으로나 이성적으로나 어떤 방식으로든 분명하게 인식하기를 원하므로 사실을 전달하는 데 사용하는 표현을 두드러지게 할 가능성이 크다.

사실은 기자의 보도에 의해서만 가치를 가진다. 기자가 보도하지 않은 것은 시청자가 알 필요가 없거나 시청자가 알려고 하지 않는 것이다. 또한 기자가 보도를 할 때 기자는 그것이 알 필요가 있거나 시청자가 알려고 하는 것이라는 점을 고려해 전달하게 된다. 여기서 사실의 단순한 전달은 뉴스로서의 가치에 손상을 가져올 수 있다. 이런 점 때문에 기자는 보도를 할 때 그것이 두드러지거나 특별한 사실이라는 점을 강조한다.

그런데 이러한 강조는 사실의 이해에 영향을 미치지 않는 범위 내에서 이루어져야 한다. 즉 사실이 두드러진 것이어야 하며, 사실을 두드러진 것으로 표현하는 것이어서는 안 된다. 그럼에도 표현이 두드러진 것이 될 경우가 생기며 이는 기자가 사실을 뉴스라는 것으로 전달하려는 의도에 따른 것이다.

물론 사실은 그 자체로 투명하게 인식되지 않는다. 기자의 세계관이나 해당 사실에 대한 기자의 주관적 판단에 의해 영향을 받는다. 이러한 사실과 사실에 대한 인식을 어떻게 뉴스 보도문으로 구성하는가에 따라 사실은 서로 다른 보도문으로 전달된다. 그렇지만 사실 자체에 대한 왜곡이나 과장 등은 시청자에게 잘못된 정보를 제공할 가능성이 있으므로 보도문 작성에서는 주의해야 할 것이다.

텔레비전 방송 보도문은 주어진 기사를 앵커나 아나운서가 낭독하는 형식과 기자가 자신이 취재한 사건의 기사를 직접 시청자에게 전달하는 형식으로 나눌 수 있다. 전자를 스트레이트 기사라고 하고 후자를 리포트 기사라고 한다. 대개 저녁 종합 뉴스는 앵커의 도입 멘트와 기자에 대한 소개나 호출, 기자의 리포트, 다시 앵커의 정리 멘트로 구성된다. 이것은 기자가 표면에 드러나지 않는 스트레이트 기사와는 차이를 가진다.

　기자가 등장하는 종합 뉴스의 경우에는 기자가 발화의 주체로 등장하고 해당 기사는 기자의 발화로 이해된다. 물론 기자의 발화 사이에는 해당 기사와 관련된 인물들과의 인터뷰, 시청각 자료 등이 포함된다. 반면 스트레이트 뉴스의 경우에는 일반적으로 인터뷰가 포함되지 않는다.

　기자가 직접 등장해 보도문을 발화할 때 기자는 사건 보도에 자신의 주관적 태도를 반영시킬 수 있다. 스트레이트 기사가 발신자가 숨겨져 있는 상태라는 점 때문에 객관적 사실의 객관적 서술에 가깝다면 기자 리포트는 현장에서 기자가 사건의 과정을 보여 주는 형식을 취하게 되므로 현장성을 훨씬 강하게 띠게 되고 현장 속에 개입하는 느낌을 주게 된다. 이러한 특성은 기자가 거리를 두고 사건 내용을 보도하기보다는 사건 속의 한 인물이 되어 감정이입을 한 상태에서 보도를 하게 만든다.

　사건 내용에 대한 개입은 언어로 나타날 수 있는데 긍정적 태도를 보일 경우에는 긍정적인 언어 표현을 사용하고 부정적인 태도를 보일 경우에는 부정적인 표현을 사용한다. 불행한 인물과 관련된 경우에는 그 인물을 동정하는 감정이 반영된다. 이러한 언어 표현은 보도문의 객관성을 훼손할 수 있다.

　이 장에서는 기자가 사건의 보도에 개입해 객관적인 보도를 하려고 할 때 어떤 문제를 안고 있는지 지적하고 올바른 보도문 작성의 지침을 제시하고자 한다. 기자는 방송 보도문이 가지는 이와 같은 특성을 잘 이해하고 객관적이고 공정하고 정확한 기사를 작성하기 위해서 다음과 같은 사항에 유의해야 한다.

- 객관성을 유지하자.

- 선정적으로 쓰지 말자.

- 기자의 적극적 태도를 직접 담지 말자.

- 사실의 과장이나 왜곡은 안 된다.

2

보도문의 문장론

좋은 문장이냐 그렇지 못하냐의 판단은 그 문장이 어떤 목적으로 쓰이는가에 따라 다르다. 문학적인 글에서는 정보 전달 기능이 훼손되더라도 언어의 표현 가치를 살리는 문장이 좋은 문장일 것이고, 설명적인 글에서는 말하고자 하는 바를 쉽게 파악할 수 있는 문장이 좋은 문장일 것이다.

보도문은 설명문의 영역에 포함되므로 효율적인 정보 전달에 최우선 가치를 두어야 할 것이다. 효과적으로 정보가 전달되기 위해서는 문장 구조가 단순 명료하고 문법에 맞으며 어휘가 정확하게 사용되어야 한다.

보도문은 말로 전달되는 문장이다. 화면이나 자막으로 어느 정도 보충되긴 하지만 기자의 말이 가장 중요한 전달 수단이다. 더구나 방송 보도는 일방적 통보 행위이기 때문에 일회성을 지닌다. 이 점이 신문 잡지 등의 기사문과 방송 보도문이 갖는 큰 차이점이다. 신문 등의 독자는 잘 이해되지 않을 경우 여러 번 되새겨 볼 수 있지만, 방송 보도의 시청자는 일단 지나가면 문장의 의미를 되새기는 데 한계가 있다.

따라서 보도문은 기사문보다 더 간결하고 명료한 구조와 표현을 사용해야 한다. 그럼에도 불구하고 실제 보도문은 말보다는 글로 전달되는 듯한 문어적 특성이 두드러진다. 이는 문법적으로 잘못된 것은 아니지만 바람직한 보도문을 위해서는 지양해야 할 것이다.

이 글은 정확하고 효율적인 문장 작성을 위해 유의해야 할 점을 문법적인 측면에서 정리했다. 실제 보도문에서 많이 보이는 문장의 구조나 특징적인 언어 현상을 검토해, 잘못된 점을 지적하고 그 개선책을 제안했다. 더불어 문장을 퇴고할 때 필요한 문법적 기초 지식도 함께 제공했다.

이 글을 읽으면서 염두에 두어야 할 것은 여기서의 기술이나 판단이 절대적인 것은 아니라는 점이다. 문장의 오류나 자연스러움에 대한 판단은 보는 관점이나 기술 태도에 따라 유동적이다. 이 글에서는 필자의 주관적 판단과 성향도 상당 부분 들어있다.

다만 알기 쉬운 문장, 바람직한 표현, 문법적인 문장을 위해서는 무엇이 문제되는가를 의식하고, 문제 해결을 위해 어떻게 해야 할 것인가를 같이 고민하자는 취지에서 이 글을 썼다. 보도문을 쓸 때 이 글에서 언급한 사실이 조금이라도 떠오른다면 필자로서는 대만족이다.

좋은 보도문을 쓰기 위해서는 이 글에서 언급한 것 외에도 더 많은 부분이 고려되어야 한다. 이 글에서는 실제의 보도문에서 두드러지는 일부 현상에 대해서만 언급하였을 뿐이므로 미비한 부분은 다른 서적을 통해서 더 보충하기를 바란다.

1 알기 쉬운 문장을 위해

(1) 문장의 구조를 단순 명료하게 하자

바른 구조라 해도 문장의 구조가 복잡하면 청자는 해석하는 데 많은 노력이 필요하다. 보도문은 듣는 것이기 때문에 가능한 한 청자에게 부담을 덜 주어야 정보가 효율적으로 전달될 수 있다. 복잡한 문장구조는 말하고자 하는 바가 왜곡되어 전달될 수 있고, 의미가 모호해질 위험성이 높다.

● 내포문(명사절, 관형절, 인용절)과 접속문을 겹쳐 사용하지 말자

1-1 지난해 11월 보도한 혼잡 역사 화재 시뮬레이션을 보면 상황에는 차이가 있지만 대체로 불이 난 지 10분쯤이 지나면 유독가스로 가득 찬 역사 탈출이 결코 쉽지 않은 것으로 나타났습니다.

➡ 대체로 불이 난 지 10분쯤 지나면 역사 안에 유독 가스가 차기 때문에 쉽게 탈출하기 어렵습니다. 이는 지난 번 혼잡 역사 화재 시뮬레이션에서 확인되었습니다.

1-2 지난 99년 콜로라도 주의 콜롬바인 고등학교에서 총기 난사로 15명이 희생된 뒤 미국은 총기 규제를 강화하는 쪽으로 정책을 펴 왔지만 총기 사고는 줄지 않았다는 논리로 설득력을 얻은 것처럼 보입니다.

➡ 지난 99년부터 총기 규제를 강화했음에도 불구하고 오히려 총기 사고가 줄지 않고 있으므로 이제는 규제 완화로 정책을 바꿔야 한다는 주장이 설득력을 얻은 것으로 보입니다.

1-3 정부는 오늘 지난해 말 미국 등 9개국과 타결한 쌀 협상안이 세계무역기구에서 확정돼 오는 9월쯤 밥쌀용 수입쌀이 처음으로 국내에 시판될 예정이며 가격은 국산쌀의 도매 가격과 비슷한 수준에서 결정될 것으로 보인다고 밝혔습니다.

➡ 지난해 말 미국 등 9개국과 타결한 쌀 협상안이 오늘 세계무역기구에서 확정되었습니다. 오는 9월쯤 밥쌀용 수입쌀이 처음으로 국내에 시판될 예정이며 가격은 국산쌀의 도매 가격과 비슷한 수준이 될 것 같다고 합니다.

위의 문장들은 내포문과 접속문이 과다하게 사용되어 문장의 구조가 복잡해진 예다. 이런 구조가 된 것은 꼭 필요하지 않은 정보가 포함되어 있거나 많은 정보를 하나의 문장으로 표현하려고 했기 때문이다. 따라서 시청자가 이해하는 데 반드시 필요한 정보가 아니면 생략하고, 정보의 양이 많을 경우에는 두 개의 문장으로 나누어 표현하는 것이 문장의 구조를 간명하게 할 수 있다.

1-1에서 '11월에 보도하다' '시뮬레이션을 보다' '상황에 차이가 있다' '불이 났다' '10분이 지난다' '유독가스가 가득 차다' '역사를 탈출한다' '탈출이 쉽지 않다' '것으로 나타났다'의 여러 문장이 함께 쓰이고 있다. 지나치게 많은 정보가 한 문장에 집약되어 문장이 길어지고 구조가 복잡해졌다.

이 중 '11월에 보도한 혼잡 화재 시뮬레이션을 보면'과 '것으로 나타났습니다'는 없어도 되는 정보다. 따라서 이들을 생략하면 문장의 구조가 좀더 간명해질 수 있다. 만일 문맥에서 반드시 필요하다면 문장을 달리해 표현하는 것이 정보 전달 측면에서 바람직하다.

1-2에서 '지난 99년 콜로라도 주의 콜롬바인 고등학교에서 총기 난사로 15명이 희생된 뒤 미국은 총기 규제를 강화하는 쪽으로 정책을 펴 왔지만 총기 사고는 줄지 않았다'는 '논리'의 구체적 내용을 밝히는 동격절이다. 하나의 절 안에 너무 많은 문장이 연결됨으로써 지나치게 길고 구조가 복잡해졌다. 이런 구조는 문법적 관계가 모호해져 해석에 부담을 느끼게 된다. 중요도가 낮은 정보를 생략해 간결하게 할 필요가 있다.

1-3에서 '정부는 밝혔습니다'의 인용문(발표 내용)에 너무 많은 정보가 포함되어 있다. 모두 필요한 정보이므로 두 문장으로 나누어 표현하는 것이 전달력이 높아진다. '정부는 밝혔습니다'는 굳이 없어도 되는 표현이다.

뒤에서 다시 언급하겠지만 실제 보도문에는 인용이나 전달을 위한 표현이 지나치게 자주 사용되는 경향이 있다. 이런 표현은 문장의 구조를 복잡하게 만들거나 모호하게 만드는 원인이 되기도 한다. 간명한 표현을 위해서는 신중히 사용되어야 한다.

● 인용 형식이 중복되는 구성은 피하자

2-1 노 대통령은 이번 독일 방문을 통해 북한을 흔들지 않고 돕겠다는 의사를 분명히 밝힌 만큼 이제 북한도 하루 빨리 대화에 응해 핵 문제부터 풀어야 한다는 메시지를 전달한 것으로 풀이됩니다.

➡ 노 대통령은 이번 독일 방문을 통해 북한이 하루 빨리 대화에 응해 핵 문제부터 풀어야 한다는 메시지를 전달하고자 했던 것으로 풀이됩니다.

➡ 노 대통령은 이번 독일 방문을 통해 핵 문제 해결을 위한 북한의 성의 있는 자세를 촉구한 것으로 풀이됩니다.

2-2 유엔 안보리 개혁문제에 대해서는 노 대통령은 독일이 가입 대상만 된다면 유엔 안보리 상임이사국이 될 자격이 충분한 것으로 생각하고 있다고 청와대 고위 관계자는 밝혔습니다.

➡ 독일의 유엔 안보리 진출에 대한 노 대통령의 생각은 긍정적이라고 청와대 고위 관계자가 밝혔습니다.

위와 같은 구문은 인용의 경계가 불분명해짐으로써 전체 문장의 의미를 파악하기 어려우며, 전달 내용에 대한 해석이 이중으로 이루어질 수 있다.

2-1에서는 노 대통령의 발언이 어디까지인지 불분명하다. 이렇게 된 이유는 '북한을 흔들지 않고 돕겠다' '북한도 하루 빨리 대화에 응해 핵 문제부터 풀어야 한다'는 인용 형식의 문장이 '노 대통령은…전달했다'라는 큰 문장(인용문) 안에 들어가 있기 때문이다. 이렇게 인용문이 겹쳐지면 말한 사람이 누구인지 모호해진다.

또한 '북한을 흔들지 않고 돕겠다'는 앞의 문맥에서 나온 정보이기 때문에 이 문장에서는 없어도 된다. 그리고 '북한도 하루 빨리 대화에 응해 핵 문제부터 풀어야 한다는 메시지를 전달하다'도 인용 형식이므로 가급적 다른 표현

형식으로 바꾸는 것이 좋다. 예를 들면 '핵 문제 해결을 위한 북한의 성의 있는 자세를 촉구하다' 정도로 바꿔 볼 수 있다.

2-2는 '노 대통령은…생각하고 있다'는 관계자의 발언을 옮겨 전하는 문장이다. 이 문장에서 전체 문장의 서술어 '밝히다'의 인용절은 '노 대통령은…생각하고 있다'이다. 그런데 이 안에 다시 '독일이 가입 대상만 된다면 유엔 안보리 상임이사국이 될 자격이 충분하다'는 노 대통령의 의견이 인용 형식으로 들어가 있다. 결국 인용절 안에 다시 인용 형식이 들어가 있는 구성이다. 이 때문에 '노 대통령은'과 '청와대 고위 관계자는'이 충돌을 일으켜 구조가 모호해진 것이다.

이런 중복 인용절은 대부분 타인의 말을 그대로 옮겨오는 보도문에 자주 나타난다. 타인의 말에 [-다고+동사] [-것으로+동사] [-다는+명사+동사]의 인용 형식이 포함된 경우에는 이를 그대로 옮겨 전하면 안 된다. 인용절이 중복되어 구조가 복잡해지기 때문이다. 이런 구문은 타인의 말에 쓰인 인용 형식을 다른 형식으로 적절히 바꿔야 한다.

인용 형식을 포함해서 타인이 말을 옮겨 적을 때는 위와 같은 구조의 문제뿐 아니라 [-는]의 사용 오류나 중복수식, 군더더기 표현 등 다양한 잘못이 나타나기 쉽다. 세심한 주의가 요구된다.

● 수식어가 길고 중복되는 수식 구성은 피하자

3-1 음주운전 여부와는 관계없이 사고가 난 지 11시간이나 지나서야 김씨를 조사한 부실한 초동수사 때문에 경찰은 곤욕을 치르고 있습니다.

➡ 사고가 난 지 11시간이 지나서야 초동수사를 하고 음주 운전 여부도 조사하지 않았기 때문에 곤욕을 치르고 있습니다.

3-2 문신에 대한 고정된 선입견에서 나온 차별로 문신의 위치와 노출 정도, 의미

등이 고려되지 않은 지나친 제한이라는 이유에서입니다.

➡ 문신의 위치와 노출 정도, 의미 등이 전혀 고려되지 않은 지나친 제한이며 차별이라는 이유에서입니다.

3-3 최근 가장 큰 국제 현안이며 독일의 이해관계도 걸려있는 유엔 안보리 상임 이사국 선출 문제도 논의된 것으로 알려졌습니다.

➡ 최근 가장 큰 국제 현안인 유엔 안보리 상임이사국 선출 문제도 논의된 것으로 알려졌습니다.

3-4 미국 유학중인 아들을 대표로 내세운 해외 사무소의 경비 명목으로 송금한 회사공금이었습니다.

➡ 미국의 해외 사무소 경비 명목으로 송금한 회사공금이었습니다. 더구나 사무소도 유학중인 아들이 대표인 유령회사였습니다.

실제 보도문에는 관형어가 지나치게 길거나 구조가 복잡해서 의미가 모호해진 예가 많다. 문법적으로 잘못된 것은 아니지만 지나치게 긴 수식어나 중복된 수식어는 초점을 흐리게 하며, 그 결과 말로 전달되는 방송 보도문에서는 전달력이 떨어질 수 있다.

3-1에서 명사 '초동수사'를 수식하는 말(관형어)은 '음주운전…조사한'과 '부실한'의 둘이다. 또 '음주운전…조사한'의 서술어 '조사한'을 수식하는 말(부사어)도 '음주운전 여부와 관계없이' '사고가 난 지 11시간이나 지나서야'의 둘이다. 중복수식의 전형이다.

중복수식은 서로 관계되는 말을 파악하는 것을 어렵게 한다. '음주운전 여부와 관계없이'가 어느 서술어와 관계되는지는 한참을 봐야 알 수 있다. 중복수식 구성에서는 어느 하나를 생략하는 것이 좋다. '부실한'은 앞의 내용만으로 충분하므로 없어도 된다. '음주운전 여부와 관계없이'는 필요한 정보이므로 문장을 달리하는 것이 좋다.

3-2에서 명사 '제한'을 수식하는 말은 '문신에 대한…고려되지 않은'이다. 그런데 이 수식어는 '선입견에서 나온 차별이다' '고려하지 않았다'의 두 문장이 연결된 접속문이다.

수식어에 접속문을 사용하는 것 자체가 잘못은 아니다. 그러나 1-2와 같이 수식어가 길어져 해석에 부담이 되고, 중복수식과 같은 문제를 일으키는 경우가 많다. 예에서 '문신에 대한…차별로'는 수식어의 내부인지 아니면 전체 문장의 일부인지 모호하고, 관계되는 말을 찾기 어렵다.

3-3도 3-2와 마찬가지로 수식어에 접속문이 쓰여 복잡해진 문장이다('최근 가장 큰 국제 현안이다' '독일의 이해관계가 걸려 있다').

3-4는 수식어 속에 다시 수식어가 쓰인 중복수식의 예다. '회사공금'을 수식하는 말 '미국 유학 중인…송금한' 안에 '해외 사무소'를 수식하는 '미국 유학중인 아들을 대표로 내세운'이 들어가 있는 구성이다.

수식어의 중복 중에서도 이런 구조가 가장 안 좋다. 문장의 구조가 복잡해지기 때문이다. '미국 유학중인 아들을 대표로 내세운'은 잉여 정보이므로 생략해도 문제가 없으며, 만일 꼭 필요한 정보라면 문장을 달리해야 한다.

수식어가 중복되거나 길어지는 문장은 덜 중요한 정보를 생략함으로써 간결하게 바꿀 수 있다. 하나의 서술어에는 하나의 부사어, 하나의 명사에는 하나의 관형어가 연결된 구문이 문장구조도 간결하고 의미 파악도 쉽다.

(2) 문맥에서 추측할 수 있는 성분만 생략하자

문장 성분의 생략은 전체 문맥과 관계된다. 원칙적으로 앞의 문맥에서 이미 언급한 정보나 문맥을 통해 추정하거나 복원할 수 있는 것은 생략할 수 있다. 우리말은 주어나 목적어의 생략이 비교적 자유로운 언어이고, 문맥에서 중복된 정보는 오히려 생략하는 것이 자연스럽다. 그러나 생략에도 지켜야 할 조건이 있다. 여기서는 많이 범하는 실수와 주의해야 할 점을 살펴본다.

● 접속문에서 앞뒤 문장의 주어가 다르면 모두 밝혀줘야 한다

4-1 경호실 관계자가 동석을 했고 (자신은) 중정 소속이었지만 중정은 몰랐을 것이라며

4-2 강에 적응하지 못하는 자라를 마구잡이로 방생하면서 자라들이 떼죽음을 당해 강바닥에서 썩어가는 등 (무엇이?) 수중 생태계를 위협하고 있습니다.

4-3 또 작년에는 부족한 돈을 추경예산으로 반영했지만 올해는 (무엇이?) 아직 미정으로 있어 예산이 줄어들 것이라는 우려도 있습니다.

4-4 충남 행정부지사 출신의 이명수 후보가 당원들의 반발에도 불구하고 당선 가능성을 고려해 (중앙당에서) 전략 공천했던 인물이었기 때문에 여당은 재보선 전략 전반에 미칠 파장을 우려하고 있습니다.

접속문에서 앞뒤 문장의 주어가 다를 때 주어를 정확히 밝혀주지 않으면 선행 문장의 주어가 생략된 것으로 오인될 수 있다.

4-1에서 앞의 '경호실 관계자'가 뒷문장의 주어가 아님에도 불구하고 생략되어, 경호실 관계자가 중정 소속인 것처럼 오인될 소지가 있다.

4-2와 4-3은 주어가 무리하게 생략되어 있다. 이런 예는 앞의 어떤 행위를 가리키는 말이 들어갈 자리에 많이 나타난다. 예문에서 생략된 주어를 추정하면 '방생하는 행위가'와 '반영 여부가' 혹은 '계획이'와 같은 정도가 들어갈 만하지만 모두 문법적으로 추정될 수 있는 것들이 아니다.

이런 예는 뒷 문장의 서술어를 바꾸면 해결되는 경우가 많다. 4-2는 '수중 생태계가 위협 받고 있습니다.' 4-3은 '올해는 아직 결정하지 않아' 정도로 바꾸면 정상적인 문장이 된다.

4-4에서는 '전략 공천했던'의 주어가 없어 마치 앞의 '이명수 후보'가 주어인 것처럼 보인다. 문맥을 명확히 하기 위해서는 주어를 명시해야 한다.

● 앞 문장에서 언급된 것이라도 문법적 지위가 다르면 생략할 수 없다

5-1 두 번째 의문은 북한 건자재 채취 사업보고서로, (이 보고서에서는) 북한 건자
재 사업을 함께 할 업체가 통일부 산하의 우리민족교류협회의 자회사로 돼 있
고, 이미 북측과 건자재 채취 계약을 체결했으며 통일부로부터 모래 채취 반
입 허가와 승인을 받은 것으로 돼 있습니다.

5-2 개혁 개방을 위한 비용이 다소 부담스럽더라도 (비용을) 감당하는 데 한국민
이 반대하지 않을 것이라고 말했습니다.

5-3 이번 협상으로 독일의 원천 기술과 우리의 상용화 기술이 서로 모자란 부분
을 채워, (이번 협상을) 독일은 동북아 시장개척의 계기로, 우리는 미국과 일
본에 편중됐던 부품 소재 산업의 다변화의 계기로 삼는다는 겁니다.

5-1에서 '사업보고서'는 '서술어−주제어'로 문법적 지위가 다르므로 생
략되어서는 안 된다. 5-2와 5-3도 각각 '주어−목적어' '부사어−목적어'의
관계이므로 생략할 수 없다.

문법적 지위는 결합하는 조사를 통해 확인할 수 있다. 즉 일반적으로 동일
한 조사가 붙는 경우에 한해 생략할 수 있다고 보면 된다. 만일 같은 말이 반
복되는 것을 꺼린다면 뒷문장의 서술어를 바꿔 문법적 지위가 동일해지도록
조정할 수 있다.

6-1 갈수록 악화되고 있는 국제사회의 대북 여론과 북한에 대한 답답함을 동시에
겨냥한 다목적 메시지의 성격도 담고 있습니다.

6-2 노 대통령의 대북 쓴소리와 또 다른 복안이 있다는 언급은 향후 대북 정책의
변화 가능성도 시사하는 것입니다.

6-1은 지나친 축약으로 서술어가 무리하게 생략된 잘못이다. 핵심적인 명사만으로 사건이나 행위 전체를 표현하고자 할 때 발생하는 오류다. 6-1의 '북한에 대한 답답함'과 6-2의 '대북 쓴소리'가 그러한 예다.

앞의 문맥에서 관련되는 행위에 대해 보도했기 때문에 전혀 이해할 수 없는 것은 아니지만 문법적으로는 오류다. '북한에 대한 답답함의 해소' '북한에 대해 쓴소리를 하겠으며'와 같이 서술적 표현이 보충되어야 한다.

● **지시어가 가리키는 내용은 명확해야 한다**

7-1 U-러닝이 본격화되면 고질적인 사교육비(과다 지출 문제)가 좀더 줄어들 것으로 기대하고 있습니다.

7-2 가짜 양주는 어제 오늘 얘기가 아닙니다만 그 수법은 교묘해지고 있습니다.

지시어가 가리키는 내용이 불명확하면 정보 전달이 원활하게 이루어지지 않는다. 글을 쓰는 입장에서는 당연히 아는 것으로 판단해 생략하지만 결과적으로 불충분한 정보 제공이 되거나 문법적으로 이상을 보이는 일도 있다.

7-1에서 '고질적인'과 '사교육비'는 의미적으로 이상한 연결이다. '고질적인'은 어떤 현상에 대한 표현으로 개별적인 대상에 대해서는 쓰기 어렵다. '사교육비'가 당연히 '사교육비의 과다 지출 문제'를 가리키는 것으로 보아 뒷부분을 생략한 것이지만, 이 관계는 언어적으로 필연적인 관계가 아니다. 만일 이에 대한 지식이 전혀 없는 사람, 예를 들어 오랫동안 외국에서 살다 들어온 사람이 들으면 무슨 말인지 모를 것이다.

7-2에서 '그'는 '가짜 양주'를 가리키는 것일 텐데 '가짜 양주 수법'이 과연 정확한 표현인가에 대해서는 의문이다. '가짜 양주를 만들고 파는' 정도가 되어야 할 것이나, 앞에 그런 말이 없는 한 지시어를 쓰기 어렵다.

(3) 문장을 접속할 때는 조건을 지키자

● 접속되는 앞뒤 문장, 성분은 문법과 의미가 동질적이고 대등한 관계여야 한다

8-1 국세청은 사적으로 개인의 정보를 열람하는 것은 엄격히 금지되고, 부당한 열람이 드러나면 엄중 처벌한다고 밝혔습니다.

➡ 국세청은 사적으로 개인의 정보를 열람하는 것을 엄격히 금지하며, 부당한 열람이 드러나면 엄중히 처벌한다고 밝혔습니다.

8-2 이 과정에서 자산 실사나 타당성 조사는 생략됐고 실사 후 계약금을 지급할 수 있는 안전판마저 스스로 포기했습니다.

➡ 이 과정에서 자산 실사나 타당성 조사를 생략했고 실사 후 계약금을 지급할 수 있는 안전판마저 스스로 포기했습니다.

8-3 높은 산을 잘라내 직선으로 뚫리고 있는 도로공사 현장입니다.

➡ 높은 산을 잘라내 직선으로 뚫고 있는 도로공사 현장입니다.

8-4 이견은 좁혀지지 않은 채 서로의 입장만 되풀이하고 있어

➡ 이견은 좁혀지지 않은 채 서로의 입장만 되풀이되고 있어

8-5 일본은 중국 주재 일본인들에게 외출을 삼가도록 당부하는 등 자국민의 신변 안전에 비상이 걸렸습니다.

➡ 일본은 중국 주재 일본인들에게 외출을 삼가도록 당부하는 등 자국민의 신변 안전을 위해 다방면으로 노력하고 있습니다.

가능한 한 동일한 속성의 동사를 연결하는 것이 문법적으로 안전하다. 문법적 속성이 다른 서술어(자동사와 타동사)가 연결되면 잘못이 발생하기 쉽다.

서술어의 문법적 속성이 다르다는 것은 주어(행위자)가 다르다는 뜻이므로 이런 접속문에서는 각각의 주어를 명시해 줘야 한다. 이때 어느 한쪽의 주어

가 생략되거나 하면 무리한 성분 생략으로 인해 비문법적인 문장이 되고 만다. 특히 [자동사—타동사]의 연결에 이러한 잘못이 많이 발견된다.

대체로 [자동사—자동사]의 연결은 사태의 나열을, [타동사—타동사]의 연결은 행위의 연속을 나타내는 일이 많다. 따라서 타동사가 선행하면 후행 문장도 타동사가 사용되길 요구하는 일이 많다.

물론 우리말에서 [자동사—타동사] [타동사—자동사]의 연결이 불가능한 것은 아니다. 하지만 이런 연결은 제약 조건이 많고 자칫하면 의미적 동질성을 훼손함으로써 비문법적인 문장이 될 가능성이 상대적으로 높다.

● **어미 [−고] [−으며]나 조사 [−과] 등으로 연결되는 성분은 문법적으로 동질적이어야 한다**

9-1 철도청 사업을 하루 만에 승인하고 타당성 검토 없는 은행 거액 대출 등 사업 전반이 의문투성이라는 주장입니다.

➡ 철도청 사업을 하루 만에 승인하고 은행에서 타당성 검토 없이 거액을 대출하는 등

9-2 수사에 혼선은 물론 주말 강화도 나들이객들이 큰 불편을 겪어야 했습니다.

➡ 수사에 혼선을 빚은 것은 물론 주말 강화도 나들이객들에게 큰 불편을 주었습니다.

9-3 반면 역사학계에서는 이미 오래 전에 공인된 사실, 사실로 받아들이되 미화할 필요 없어, 우리 사회가 그만큼 성숙했다는 증거라는 옹호 반응도 많았습니다.

➡ 반면 역사학계에서는 이미 오래 전에 공인된 사실이다, 사실로 받아들이되 미화할 필요 없다, 우리 사회가 그만큼 성숙했다는 증거이기도 하다는 옹호 반응도 많았습니다.

9-4 신청한 기업 도시를 유형별로 보면 지식기반형이 두 곳, 산업교역형에 한 곳

이 신청했습니다.

➡ 지식기반형에 두 곳, 산업교역형에 한 곳

9-1은 [−고]로 연결된 성분이 '승인하고'와 '대출'로 [동사−명사]의 연결이다. 9-2는 '혼선'과 '불편을 겪다' 9-3은 '사실' '없다' '증거다'가 연결되어 있어 각각의 문법적 속성이 동질적이지 않다. [명사−명사] [동사−동사]와 같이 동질적으로 연결되도록 바꾸어야 한다.

위의 예문들과 같은 잘못은 명사만으로 행위를 나타내고자 하는 보도문의 문체적 특성과 관련된다. 한자어 명사는 비록 의미적으로는 동사에 가깝지만 통사적으로는 명사기 때문에 동사 표현과 직접 연결될 수 없다. 한자어 명사를 사용할 때에는 세밀한 주의가 요구된다.

● **의미적으로 대등하지 못한 어휘는 연결할 수 없다**

10-1 <u>부동산 투기 혐의자</u>와 변칙적인 <u>사전 상속</u>도 조사대상입니다.

10-2 락과 발라드, <u>국악곡</u> 등으로 편곡해

'동물'과 '고래'는 같은 명사라도 의미의 범위가 다르다. '동물'이 '고래'를 포함하는 상위어다. 어휘는 이처럼 의미면에서 상위어와 하위어로 구분될 수 있다. 의미의 층위가 다른 어휘를 연결하거나 나열하면 비문법적인 문장이 된다.

10-1은 '혐의자'와 '상속'이 연결되었는데 '혐의자'는 사람이고 '상속'은 행위다. '혐의자와 사전 상속자' 혹은 '투기와 사전 상속'으로 바꾸어야 한다.

10-2는 '국악곡'이 문제다. '락과 발라드, 국악곡'에서 '국악곡'은 다른 단어에 비해 하위어다. 장르를 나타내는 '국악'으로 바꾸어야 대등성이 유지된다.

● 접속문 전체의 내용도 동질적이어야 한다

11-1 학교 수업 분위기가 진지해진 것은 <u>물론</u>이고 학교시험을 잘 보게 해준다는 학원까지 등장했습니다.

➡ 학교 수업 분위기가 진지해지고 심지어는 학교시험을 잘 보게 해준다는 학원까지 등장했습니다.

11-2 2800평의 대규모로 지어질 예정으로 철거 작업이 한창입니다.

➡ 2800평의 대규모로 지어질 예정이며 지금은 철거 작업이 한창입니다

11-3 법정에서 난동을 부린 황씨는 현장에서 경찰에 연행돼 조사를 받은 일도 있<u>으며</u> 가정폭력 사건으로 불구속 기소돼 재판을 받아 왔습니다.

➡ 법정에서 난동을 부린 황씨는 가정폭력 사건으로 불구속 기소돼 재판을 받아 왔는데, 이전에도 법정 난동으로 경찰에 연행돼 조사를 받은 일이 있습니다.

우리말에서 [-은 물론]이나 [-으로]와 같은 접속형식은 앞뒤 문장의 내용이 의미적으로 동질적일 것을 요구하는 힘이 강하다. [-며] [-고]는 나열의 기능도 가지고 있기 때문에 동질성의 요구가 상대적으로 약하다. 반면 [-는데]와 [-지만]은 동질적인 사건이 내용상 상반될 것을 요구한다.

관련성이 희박하거나 동떨어진 문장은 별도의 문장으로 처리해야 한다. 의미적 동질성에 대한 판단은 간단하지 않다. 판단이 어려울 때는 단문으로 연결하는 것이 가장 무난한 방법이다. 앞서 지나친 접속문을 피하자고 한 것은 이러한 잘못을 줄이기 위한 취지이기도 하다.

(4) 주어와 서술어의 호응을 확인하자

12-1 1학년 때부터 전교 1등을 놓쳐 본 적이 없는 김군은 수업시간에 내용을 교과
서에 빼곡히 정리하는 게 비결입니다.

➡ 1학년 때부터 전교 1등을 놓쳐 본 적이 없는 김군의 비결은 수업시간에
내용을 교과서에 빼곡히 정리하는 것입니다.

12-2 프랑스는 이처럼 학교와 학부모는 물론 경찰, 법원 등 사회 전체가 유기적으
로 연계돼 학교 폭력에 적극적으로 대처하고 있는 것이 큰 특징이라고 할 수
있습니다.

➡ 프랑스는 이처럼 학교와 학부모는 물론 경찰, 법원 등 사회 전체가 유기
적으로 연계돼 학교 폭력에 적극적으로 대처하고 있습니다.

12-3 한미 간의 정책적 이견이 동맹 간의 갈등쪽으로만 비춰지는 것은 그만큼 미
국의 불편함을 반영하는 것으로 해석됩니다.

➡ 한미 간의 정책상의 이견이 갈등 관계로 보이는 것은 한국의 태도를 미국
이 불편해 하고 있기 때문일 것입니다.

12-4 탈주범 이낙성이 강화도에서 전화를 걸었다는 제보는 감호소 동기 김모 씨
의 자작극에서 비롯됐습니다.

➡ 탈주범 이낙성이 강화도에서 전화를 걸었다는 제보는 감호소 동기 김모
씨의 자작극이었습니다.

12-5 의혹의 핵심은 다시 보이지 않는 실세 개입설로 모아집니다.

➡ 의혹의 핵심은 다시 보이지 않는 실세의 개입 여부입니다.

12-6 이러한 비방과 투서는 무엇보다 군 신뢰의 추락과 군 내 기강 해이는 물론
장병들의 사기 저하로 이어질 수 있다는 점에서 심각성이 있습니다.

➡ 이러한 비방과 투서는 무엇보다 군 신뢰의 추락과 군 내 기강 해이는 물
론 장병들의 사기 저하로 이어질 수 있다는 점에서 문제가 됩니다.

12-7 위조수표는 사람이 많고 고액권 수표의 유통이 많은 사행성 사업장을 이용합니다.

⇒ 위조수표는 사람이 많고 고액권 수표의 유통이 많은 사행성 사업장에서 주로 사용됩니다.

위의 예문들은 주어와 서술어의 흐름 관계가 잘못되었다. 이런 잘못된 예의 대부분은 화제(주제)를 나타내는 [-는]이 사용되고 있다. [-는은 서술어와의 관계를 나타내는 것이 아니고 문장의 화제(주제)가 되는 명사를 표시하는 기능을 한다. 따라서 주어, 목적어, 부사어 등에 모두 쓰일 수 있다. 다만 주어와 목적어에 [-는]이 붙으면 [-가]와 [-를]이 생략되며, 주어의 경우 위치가 주제어와 같기 때문에 [-는]이 주격조사로 잘못 이해되는 일이 많다.

위의 예문들은 주어에 [-는]이 붙어 주제어로 바뀐 것이다. 이 경우에도 기본적인 문법 속성은 주어이기 때문에 서술어와 관계되어야 한다. 다른 문장 성분이 주제어가 된 경우도 서술어와의 호응 관계는 지켜져야 한다.

그런데 간혹 '지금 판세는 흑이 세 집 정도 앞서고 있습니다' '태풍의 진로는 중심 부분이 일본 관동지방으로 향하고 있습니다'와 같이 [-는] 주제어가 서술어와 호응 관계를 가지지 않는 일도 있다. 이런 용법은 일반적인 것은 아니고 특정 조건이 갖춰져야 쓸 수 있다.

즉 [-는]이 통합되는 명사는 대부분 '상황'의 의미를 지니고 있어야 하며, 뒤에 오는 문장의 내용이 이 명사와 의미적으로 동격의 관계를 가져야 한다. 이런 조건을 만족시키지 못하는 [-는] 주제어는 반드시 뒤의 서술어와 호응 관계를 가져야 한다.

그런데 실제 보도문에서는 이러한 용법에 이끌려 [-는] 주제어를 독립적인 성분처럼 사용하는 잘못을 범하는 일이 있다. 보도문이기 때문에 화제를 부각시키기 위한 의도인 것으로 추정되나 문법적으로는 잘못된 것이다.

12-1, 12-2, 12-3은 모두 서술어로 [명사＋이다] 형식이 쓰이고 있다. 주제어 '김군은'이나 '프랑스는' '(비춰지는) 건'은 구체적인 대상 명사로 주어가 주제화한 것이다. 따라서 그에 호응하는 서술어가 있어야 한다. 위 예에서는 '비결이다' '특징이다' '것이다'가 대응하는 서술어에 해당되나, 호응 관계가 제대로 이루어지지 않으므로 비문법적인 문장이 된 것이다.

12-4와 12-5는 의미적으로 [A는 B다](지정구문)의 형식이어야 하는데도 불구하고 서술어로 동사가 쓰여 잘못된 예다.

12-6과 12-7은 '투서는…심각성이 있다' '위조수표는…이용합니다'로 의미적·문법적 관계가 제대로 지켜지지 않고 있어 잘못된 예다.

보도문에서 [-는]은 화제(주제) 제시의 기능 때문에 많이 사용된다. 그러나 특정한 경우를 제외한 대부분의 [-는] 주제어는 문장 성분이 변화한 것이므로 서술어와 호응 관계를 지켜야 한다. 따라서 [-는]을 올바르게 사용하기 위해서는 반드시 문장의 마지막 서술어와 연결시켜 보아야 한다.

(5) 수식하는 말은 가능한 한 수식받는 말 앞에 쓰자

잘못된 수식 관계는 부사어나 관형어가 적절한 자리에 있지 않아서 발생하는 것이 대부분이므로 결국 어순의 문제와 관련된다. 우리말은 어순이 비교적 자유롭지만 무제한적으로 자유로운 것은 아니다. 수식하는 말(관형어와 부사어)은 가능한 한 수식받는 명사나 서술어에 가까이 위치하는 것이 좋다.

목적어의 위치가 잘못된 예도 서술어와의 사이에 수식어가 지나치게 많이 들어가 거리가 너무 멀어지면서 발생하는 것이므로 수식어의 위치에 대해 주의할 필요가 있다.

13-1 간접적으로 경호실의 도움을 (＊) 암시했지만

13-2 물가 상승으로 인해 겨우 살아나기 시작한 소비가 (＊) 중산층으로 확산되기

도 어려워졌습니다.

13-3 마치무라 장관은 일본은 그런 자세를 무라야마 전 총리 담화와 김대중 전
대통령과 오부치 전 총리 그리고 노무현 대통령과 고이즈미 총리의 공동선
언에서 (*) 밝힌 바 있다고 말했습니다.

보도문에서는 13-1, 13-2와 같이 부사어의 위치가 적절하지 못한 예가 가
장 많았다. 13-1과 13-2에서 밑줄 친 '간접적으로' '물가 상승으로 인해'는
관련되는 서술어 바로 앞('*'의 위치)으로 가는 것이 의미가 더 명확해진다. 일
부 문장 부사를 제외하고 대부분의 부사나 부사어는 가능한 한 동사에 가깝게
배치해야 한다.

13-3은 목적어 '그런 자세를'의 위치가 어정쩡하다. 뒤에 오는 부사어가 너
무 길어 목적어와 서술어의 관계가 정확히 파악되지 않는다. 이와 같이 어느
특정 성분이 길어지면 문법 관계를 파악하기 어려워지므로 '*'의 위치로 옮
기는 게 더 명료하다. 더 좋은 방법은 '무라야마 … 공동선언에서'의 부사어를
'그간 수차례에 걸쳐' 정도로 짧게 표현하는 것이다.

(6) 군더더기 표현을 없애자

● 대표적인 군더더기 표현은 중복된 인용동사와 불필요한 전달 표현이다

보도문은 기본적으로 사실이나 정보를 전달하는 것이기 때문에 이런 표현
이 모든 문장마다 들어가야 하는 것은 아니다.

14-1 이에 대해 이 문건을 작성한 철도공사 왕영용 본부장은 철도청에 이 사업을 중
개한 허문석 박사의 말을 내부 문건에 밝혔습니다. 그는 또 이광재 의원을 만

난 뒤에서야 이 같은 허 박사의 말이 거짓이었다는 것을 알았다고 말했습니다.

➡ 이에 대해 왕영용 본부장은 허문석 박사의 말을 믿고 내부 문건에 반영했지만 이광재 의원을 만난 후에 허 박사의 말이 거짓이었음을 알게 됐다고 해명했습니다.

14-2 한덕수 부총리는 적극적인 재정정책을 펴겠다고 밝히고 현재로서는 고액원 발행이나 화폐 단위 변경은 고려하지 않고 있다고 말했습니다.

➡ 한덕수 부총리는 적극적인 재정정책을 펴겠으며 현재로서는 고액원 발행이나 화폐 단위 변경은 고려하지 않고 있다고 말했습니다.

위의 예문들은 인용동사(전달동사)가 중복되어 쓰였다. 14-1과 14-2의 '밝히다'와 '말했다'는 모두 일련의 행위나 한 사람의 발언을 옮겨온 것이므로 하나만 쓰는 것이 바람직하다. 인용동사가 중복되어 사용되면 하나의 문장이 길어진다는 단점이 있다. 인용문이 지나치게 길어질 경우에는 정보를 선별 정리해야 하며, 그것이 불가능할 경우는 인용동사 없이 단정적 표현의 단문 여러 개로 표현하는 것이 낫다.

15-1 한국은행은 다른 지폐들도 지금의 도안을 유지하면서 위조방지 장치를 추가하는 데는 한계가 있다는 입장을 보이고 있습니다.

➡ 한국은행에 따르면 다른 지폐들도 지금의 도안을 유지하면서 위조방지 장치를 추가하는 데는 한계가 있다고 합니다.

15-2 프랑스는 이처럼 학교와 학부모는 물론 경찰, 법원 등 사회 전체가 유기적으로 연계돼 학교 폭력에 적극적으로 대처하고 있는 것이 큰 특징이라고 할 수 있습니다.

➡ 프랑스는 이처럼 학교와 학부모는 물론 경찰, 법원 등 사회 전체가 유기적으로 연계돼 학교 폭력에 적극적으로 대처하고 있습니다.

위의 예문들은 불필요한 표현이 들어가 문장이 길어지고 구조가 모호해졌다. 이런 유형은 문장의 끝부분에서 많이 발생한다.

15-1의 '입장을 보이다' 15-2의 '큰 특징이라고 할 수 있습니다'는 중복 표현으로 문장을 길게만 할 뿐이다. '보이고 있습니다' '라고 할 수 있습니다'는 정보 전달에 꼭 필요한 표현이 아니므로 생략해도 전혀 지장이 없다.

(7) 전달하고자 하는 정보의 경중輕重을 구분하자

한 문장에 지나치게 많은 정보가 집약되면 결과적으로 수식어가 많아지며 구조도 복잡해진다. 선행 문맥에서 언급되었거나 문맥에서 충분히 예측할 수 있는 정보, 보족설명補足說明을 위한 정보, 잉여적인 정보는 생략하는 것이 문장구조를 간명하게 할 수 있다. 또 반드시 필요한 정보라면 문장을 달리 하는 것이 정보 내용을 강조할 수 있어 효율적이다.

16-1 일제시대의 독립 운동을 이념의 잣대가 아니라 독립 운동 그 자체로 봐야 한다는 겁니다.

16-2 (아이가 피부병에 걸린 것은) 검사 결과 알레르기의 가장 큰 원인인 집먼지 진드기 때문이었습니다.

16-3 이런 식으로 오르기 시작한 재건축 아파트 값은 송파와 강동, 강남 순으로 올해 들어서 이미 10퍼센트 이상 올랐습니다.

16-4 김형욱 전 중앙정보부장을 파리에서 납치해 살해했다는 전 중정 특수공작원의 주장이 나왔습니다.

16-5 스스로를 지키기 위해 총을 소지해야 한다는 총기협회의 과거 수십 년 동안의 주장을 받아들인 셈이기 때문입니다.

16-6 감찰위원회가 맡은 첫 사건은 6급 검찰 직원의 폭로로 알려진 현직 일선 지검장의 비리 의혹입니다.

16-7 우리나라가 이중과세 방지 협정을 맺고 있는 국가 안에 있는 조세피난처에 근거를 두고 있다.

위의 예문은 필요하지 않은 정보가 개입됨으로써 정확한 의미 파악이 어렵다. 여기서 밑줄 친 부분은 생략되어도 전달하고자 하는 내용이 전혀 훼손되지 않는다.

16-1, 16-2, 16-3의 밑줄 친 부분은 보족설명의 정보다. 보족설명을 통해 정보를 자세히 전달하는 것은 좋으나 하나의 문장으로 표현했기 때문에 주된 정보의 전달을 방해하는 역효과가 난 예다. 이런 보족설명의 정보는 문장을 달리해 표현하는 것이 좋다.

예를 들어 16-3은 '재건축 아파트 값이 올해 들어서 이미 10퍼센트 이상 올랐습니다. 가장 많이 오른 곳은 송파의 몇 퍼센트며 다음이 강동, 강남의 순입니다'로 고치는 것이 정보 전달에 있어 효율적이다.

16-4, 16-5, 16-6의 밑줄 친 부분은 선행 문맥에서 충분히 예측 가능한 것이다. 또 꼭 필요한 문장 성분도 아니다. 뉴스 전체에서 한 번 이상 언급된 것이므로 일일이 밝힐 필요가 없다.

16-7의 밑줄 친 부분은 잉여 정보다. '조세피난처'를 굳이 밝히지 않아도 조세를 피할 수 있는 곳이라는 점은 충분히 전달된다. 오히려 '조세피난처'라는 생경한 단어만이 부담될 뿐이다.

정보의 선별과 배열은 한 문장의 범위를 벗어나는 문제이기 때문에 문장 차원의 지침만으로는 문제를 해결할 수 없다. 텍스트 차원의 배려와 구성이 필요한 부분이다. 그러나 수식어가 많아지고 길어진다거나 문장의 구조가 복잡해지는 현상은 전달 정보가 제대로 선별 배열되지 못했다는 징표이므로 이런 구문은 역으로 정보의 선별과 배열을 검토하는 계기로 이용될 수 있다.

2 바람직한 표현을 위해

(1) [-것으로 + 동사(V)] 형식의 전달문 사용을 자제하자

보도문의 주된 기능은 정보 전달이다. 전달 방식으로는 기자가 사실이나 사건을 직접 기술하는 방식과 다른 사람의 말이나 의견을 통해 정보를 전달하는 방식이 있다. 흔히 인용이라 하는 것은 후자의 방식 중 하나다.

후자의 전달 방식은 기자(화자)의 개인적 의견이 개입되지 않기 때문에 중립적이고 객관적이라는 느낌을 주며, 전달 내용에 대한 신뢰성도 확보하기 쉽다. 그러나 문장의 구조가 복잡해지고, 전달하고자 하는 바가 강조되지 못해 전체적으로 정보의 나열에 그치기 쉽다는 단점이 있다.

바람직한 보도문이라면 이 두 방식이 조화를 이루어야 하지만, 정보 전달의 효과를 고려한다면 직접 기술 방식이 주主가 되고 인용 등의 간접 기술 방식이 보조적으로 이용되는 것이 바람직할 것이다.

타인의 말이나 의견 등을 전달하는 문장은 전달내용과 전달동사의 두 부분으로 나뉜다. 전형적인 인용문의 경우, 전달내용은 '타인의 말'이고 전달동사는 '말하다, 보고하다, 묻다'와 같은 발화동사다. 사고 행위를 나타내는 문장의 경우, 전달내용은 '사고의 내용'이고 전달동사는 '예상하다, 해석하다, 추측하다'와 같은 동사다.

전달내용을 나타내는 문장 형식으로는 '집에 갔다고 보고했습니다' '이번에는 당선될 것이라고 예상하고 있습니다'에서와 같이 [문장(S)+고]의 형식(인용절)이 가장 널리 쓰인다. 그런데 실제 보도문에서는 '집에 간 것으로 보고했습니다' '이번에는 당선될 것으로 예상하고 있습니다'와 같이 [관형절+것으로]의 형식도 많이 나타난다.

여기서는 이 [(관형절)+것으로+동사] 형식(기술의 편의를 위해 앞으로는 '전달문'이라 부른다)의 사용 조건에 대해 정리하고자 한다.

● [-것으로+동사]의 전달문은 뒤에 오는 동사에 따라 쓰임이 결정된다

1-1 불가능한 동사

- '의지'를 나타내는 동사(약속하다, 맹세하다, 결심하다, 각오하다)
- '소원'을 나타내는 동사(바라다, 원하다, 소망하다, 희망하다)
- ➡ 일부 가능한 예도 있지만 '예상'의 의미로 전용된 것이므로 원칙적으로는 불가능하다.

1-2 피동형으로는 가능한 동사

- 「-는지/을까」의 의문문이 앞에 오는 '의념疑念'의 동사는 능동형(염려하다, 우려하다, 걱정하다, 의심하다, 연구하다, 조사하다)은 불가능하지만 피동형(염려되다, 우려되다, 걱정되다, 의심되다, 연구되다, 조사되다)은 가능하다.
- '상황 제시'의 동사(드러나다, 나타나다, 밝혀지다). 이들 동사의 능동형(드러내다, 나타내다, 밝히다)은 불가능하다.

1-3 가능하나 피동형이 더 자연스러운 동사

- '발화'를 나타내는 동사(말하다, 전하다, 언급하다, 진술하다, 보도하다, 주장하다)는 피동형(전해지다, 언급되다, 진술되다, 보도되다)이 더 자연스럽다.

1-4 가능한 동사

- '판단'을 나타내는 동사(판단하다, 분석하다, 해석하다, 풀이하다, 보다)
- '추정'을 나타내는 동사(추정하다, 추측하다, 예상하다, 예측하다, 기대하다)
- ➡ 이 동사는 인용절보다 전달문 형식을 더 선호한다. 특히 피동형이 되면 더욱 그렇다.

2-1 중국 경제에 악영향을 끼칠 수 있다는 고려도 작용한 것으로 분석됩니다.

2-2 기업들의 이같은 저조한 실적은 고유가와 원화 절상 쇼크가 현실화됐기 때문인 것으로 풀이됩니다.

2-3 검찰의 적극적인 수사의지 표명은 정치권의 특별검사 논란을 의식한 것으로 풀이됩니다.

2-4 노 대통령의 발언은 할 말은 확실히 하겠다는 상호주의 원칙을 강하게 천명한 것으로 해석됩니다.

2-5 경찰은 이들 위조수표가 중국에서 제조돼 조직적으로 국내에 밀반입된 것으로 추정하고 있습니다.

2-6 이번 주말 중국 전역에서 동시다발적으로 반일 시위가 거세게 벌어질 것으로 보입니다.

2의 문장들은 1-4 동사가 옳게 쓰인 예다. 이 동사들은 [−것으로+동사]의 전달문 형식으로 많이 쓰인다. 특히 인용되는 문장이 [이다] 구문이면 전달문 형식이 더 자연스럽다. 때문에 미래에 대한 예측이나 추측을 나타내는 [−을 것이다]가 쓰인 인용문은 [−것으로] 형식으로 바뀌는 것이 자연스럽다. '추측'의 동사들이 전달문 형식으로 많이 쓰이는 것도 이런 이유다.

그렇지만 1-4 동사들이라도 전달문 내부에 접속문이 쓰이거나 인용문이 들어있을 경우는 쓰지 않는 것이 좋다. 문장 구조를 복잡하게 하기 때문이다.

3-1 취재 결과, 지난주 화곡동에 모여 위조수표 10억 원어치를 나눠 가진 것으로 드러났습니다.

3-2 허씨는 북한 골재 반입 사업도 추진한 것으로 드러났습니다.

3-3 지난 주에는 박모 씨의 개인 정보를 홍보실 직원들이 마음대로 열람한 것으로 드러났습니다.

3-4 가정 폭력도 심각한 학교 폭력으로 이어질 수 있는 것으로 나타났습니다.

3-5 허문석 씨가 모래를 채취할 수 있는 권리도 갖고 있는 것으로 밝혀졌습니다.

3의 문장들은 1-2 동사가 옳게 쓰인 예다. 이 동사들은 타동사로 표현되는 일이 없거나 타동사로 바꾸면 의미가 달라진다. 또 [-것으로] 부분을 인용문 형식으로 고치면 어색해진다. 이런 표현은 어떤 사실을 새롭게 제기하거나 화제를 바꿀 때 적합한 표현이다. 그래서 어떤 사건에 대해 언급하기 시작할 때 주로 사용된다. 이런 특성 때문에 보도문에 많이 사용되고 보도문 특유의 문체로 굳어진 것으로 보인다.

그러나 실제 보도문에서 이 표현이 반드시 필요한 경우는 그리 많지 않았다. 사건 전달의 첫머리 등 반드시 필요한 문맥이 아니라면 가급적 사용을 자제하는 것이 바람직하다. 자칫 군더더기 표현이 될 가능성이 높기 때문이다.

또 피동형으로만 가능한 동사이기 때문에, 이런 형식을 많이 쓰면 피동형이 많아진다. 보도문이 전체적으로 행위자를 분명히 밝히지 않는 경향이 높은 것도 이 형식이 과다하게 사용되고 있기 때문이다.

4-1 김씨의 혈중 알코올 농도는 0.071퍼센트 상태로 추정돼

4-2 악화일로로 치닫는 양국 관계를 복원하기에는 역부족으로 보입니다.

4-3 세무조사 소식에 대한 해외 언론의 반응은 일단은 부정적으로 나타났습니다.

5-1 일본 정부는 소강 상태를 보이고 있는 중국의 반일 데모가 주말에 다시 재연될 가능성이 높은 것으로 우려하고 있습니다.

5-2 중국과의 관계가 쉽사리 개선되지 않을 것으로 우려하는 분위기가 많습니다.

4와 5는 제약조건을 무시하고 전달문이 확대 사용된 비정상적인 문장이다. 이런 잘못의 원인은 크게 두 가지다.

첫째는 4와 같이 [명사(N)+인 것으로]로 표현되어야 할 것을 [명사(N)+으로]로 표현한 것이다. [A는 B다]의 구문에서 'A=B'의 의미 관계를 가지는 경우

에 한해 [명사(N)+인 것으로] 가 [명사(N)+으로]로 고쳐질 수 있다. 4는 이러한 조건을 지키지 않았기 때문에 어색해진 것이다. 각각 '상태인 것으로' '역부족인 것으로' '부정적인 것으로'로 바꾸는 것이 좋다.

둘째는 5와 같이 부적절한 동사를 사용한 경우다. [−것으로 +동사] 구성에 사용될 수 있는 동사는 한정되어 있다. 5-1과 5-2의 '우려하다'는 전달문 형식이 성립되지 않는 동사다. 피동형 '우려되다'는 가능하지만 권장할 만한 것은 아니다.

(2) 행위 표현의 서술어로는 가능한 한 동사를 사용하자

우리말에서 서술어가 될 수 있는 말로는 동사와 형용사가 대표적이고 명사는 조사 [이다]가 붙어 서술어로 쓰일 수 있다. [명사+이다]는 '철수는 학생이다' '이것은 사과다'와 같이 의미적으로 'A=B'의 관계를 갖는 지정指定 표현이나 '서울은 대한민국의 수도다' '고래는 동물이다'와 같이 속성을 표현하는 정의定義 표현에 많이 사용된다.

이밖에도 [명사+이다]는 다양한 용법으로 쓰이기도 한다. 따라서 [명사+이다]를 서술어로 쓰는 것이 잘못된 것은 아니다. 다만 과다하게 사용되어 문어적인 문장(한문식 표현)이 되거나 자연스럽지 못한 표현이 생기는 일이 있기 때문에 이를 방지하기 위해 가급적 동사나 형용사를 서술어로 사용하자고 제안하는 것이다.

우리말에는 [관형절+명사+이다]가 서술어로 쓰여 행위적 의미로 해석되는 특수한 문장이 존재한다. 이런 구문에서는 명사에 따라 적절성과 수용도가 달라진다.

7-1 전대월 대표에 대해서는 이미 체포영장이 발부된 상태입니다.

7-2 재래시장에서는 벌써 어려움이 피부로 느껴지는 분위기입니다.

7-3 온 국민의 지혜를 모아야 할 상황입니다.

8-1 메모지를 중심으로 다시 수사에 들어갈 계획입니다.

8-2 압수 수색과 관련자 계좌 추적도 시작할 방침입니다.

8-3 반달가슴곰은 적응 기간을 거친 뒤 지리산에 방사될 예정입니다.

8-4 앞으로는 각 조직과 개인의 실적을 계량화해 인사에 반영하느냐가 성패를 좌
우할 전망입니다.

7은 6-1이 옳게 쓰인 예고, 8은 6-2가 옳게 쓰인 예다. 이들은 모두 정상적
인 문장으로 다른 표현으로 대치하기 어려울 만큼 독자적인 문체적 가치를 가
지고 있다. 표면에 주어가 보이지 않지만 생략된 것이어서 문맥에서 쉽게 찾
을 수 있다. 대체로 '(주어가) (명사)에 있다' 정도의 의미를 나타낸다.

즉 7-1은 '(검찰은) 전대월 대표에 대해서는 체포 영장이 발부된 상태에 있
습니다' 8-1은 '(검찰은) 메모지를 중심으로 다시 수사에 들어갈 계획에 있습

니다' 정도로 고쳐볼 수 있다.

6-2 명사들은 대부분 [−하다]가 붙어 동사로 쓰일 수 있는 것들이다('방침'은 예외이나 '방침을 세우다'가 굳어진 표현이므로 거의 같은 속성이다). 명사 앞의 관형절의 주어와 명사의 행위자가 일치하는 경우는 행위의 의미가 강조되고, 주어가 일치하지 않으면 상태의 의미가 강조된다.

8-1의 경우, 관형절의 '수사에 들어갈'의 주어와 '계획(하다)'의 주어가 모두 '검찰'로 같기 때문에 행위의 의미로도 해석될 수 있다. 8-3에서 '방사될'의 주어 '반달곰'과 '예정(하다)'의 주어는 다르기 때문에 상태의 의미가 강조된 것이다.

이런 구문의 성립 여부는 첫째, [−에 있다]로 고쳐질 수 있는가 둘째, 명사에 [−하다]가 붙어 동사가 될 수 있는가 셋째, 앞에 오는 관형절이 [−다는]의 형식이 아닌가에 따라 판단할 수 있다.

9-1 더구나 중국 정부가 일본의 유엔안보리 진출 시도에도 분명한 반대를 나타내자 곤혹스러운 표정입니다.

9-2 만져 보고 쳐다보고 기계에 넣어보는 등 여느 때와는 다른 모습입니다.

10-1 사업을 통해 귀국을 위한 명분을 쌓는 작업이라는 설명입니다.

10-2 직책이 주는 부담과 고민 등에 따른 스트레스 때문이라는 설명이었습니다.

10-3 반일 시위라는 형식을 통해 대규모 시위로 연결됐다는 분석입니다.

11-1 1300만 원만 내면 유령회사 설립이 가능하고 지사장 자격으로 체류 허가를 받을 수 있다는 이야기입니다.

11-2 기자의 질문에 좌든 우든 일제시대의 독립 운동은 어디까지나 독립 운동이라고 한 내용입니다.

11-3 비자 발급을 둘러싸고 온갖 탈법과 불법이 성행하고 있다는 소식입니다.

11-4 철도청 사업을 하루 만에 승인하고 타당성 검토 없는 은행 거액 대출 등 사업 전반이 의문투성이라는 주장입니다.

9~11의 문장들은 각각 6-3, 6-4, 6-5의 명사가 쓰인 예다. 이들도 문법적으로는 문제가 없다. 다만 7, 8과는 달리 꼭 이렇게 표현해야 할 당위성이 없으며, 정보 전달이나 표현 가치 면에서 바람직하다고 할 수 없다. 위 예의 [−다는＋명사＋이다]의 형식은 [−다고＋동사]의 형식으로 바꾸는 것이 자연스러울 때가 많다.

9의 마지막 명사들은 군더더기 표현이다. 9는 '…분명한 반대를 나타내자 곤혹스러워 하고 있습니다' '…여느 때와는 (모습이) 다릅니다'와 같이 동사 표현으로 바꾸어도 전달하고자 하는 내용이 전혀 훼손되지 않으며, 바꾸는 편이 구조나 표현이 더 간명하고 깔끔하다. 이처럼 특별한 문체적 가치를 가지지 못하는 표현은 정보 전달을 방해하거나 문장의 구조를 복잡하게 할 뿐이므로 피해야 한다.

10은 행위자가 불분명하다는 단점을 지닌다. 어떤 제3자의 판단일 듯한데, 구체적으로 누구인지 알 수 없으며, 심지어는 기자의 판단으로 오인될 수도 있다. 객관성과 신뢰성이 요구되는 판단이라면 판단의 주체(행위자)를 명시해야 하고, 그런 정도의 정보가 아니라면 기자의 판단으로 처리해도 무방하다.

따라서 10-3은 '…연결된 것 같습니다'(기자의 판단) '(누가) …연결됐다고 분석하고 있습니다' '…연결된 것으로 분석하고 있습니다'(제3자의 판단)와 같이 고치는 것이 전달하고자 하는 정보가 더 명료해진다. 또 행위자를 명백히 밝히기 어려운 상황이라면 '…연결된 것으로 분석되고 있습니다'의 피동사 표현이 기자의 판단이 아님을 강조할 수 있어 낫다.

11은 중복표현이라는 단점을 지닌다. 11-1에서 '이야기'의 내용은 '…체류 허가를 받을 수 있다'로 의미적으로 동격이다. 같은 의미를 나타내는 말을 뒤에 다시 반복할 필요는 없다. 만일 '이야기하다'는 행위를 나타내기 위해 쓴 경우라면 사정이 다르지만, 단순히 앞의 내용을 강조하기 위해 혹은 습관처럼 들어가는 '말이다, 이야기다, 내용이다'는 대부분의 경우 불필요하다.

일상 회화에서 흔히 접하는 '그 사람이 그랬단 말입니다' '이번엔 합격할 거라는 말입니다' 등도 이와 같은 표현이다. 보도문이 구어체를 지향한다 해도 회화체의 표현까지 무분별하게 수용해서는 안 될 것이다.

11-4의 '주장'과 같이 내용뿐 아니라 행위의 의미도 동시에 가지고 있는 '보고, 변명' 등의 명사(−하다가 붙을 수 있는 명사)는 행위자가 모호하다는 단점도 동시에 가진다(이 점은 10과 같다. 10의 명사들도 말로 실현되기 때문에 결과적으로는 11에 해당된다).

이상에서 보듯이 명사 앞의 관형절이 [−다는(−다고 하는)]의 형식(완형보문)을 지닌 구문은 사용에 주의해야 한다. 그러나 그렇다고 이런 구성을 항상 배제하라는 뜻은 아니다. 반드시 써야 하는 문맥에서라면 써도 무방하며, 오히려 쓰는 것이 바람직하다. 여기서는 이런 구조의 문장을 의식해서 쓰자는 점을 지적한 것이다. 어떤 구문이 적절한가는 관련되는 다른 형식으로 바꿔봄으로써 확인되기도 하므로, 9~11 유형의 구문에 대해 의문이 생길 때는 인용문이나 전달문으로 바꿔 보는 것도 좋은 판단 방법의 하나일 것이다.

12-1 이광재 의원에 대해서는 아직 강제수사에 들어갈 단서가 없다는 입장입니다.

12-2 해외의 유수 고등학교를 둘러본다는 명목이었지만

12-3 김 차관이 왜 이처럼 무리한 사업을 승인하고 스스로 족쇄를 채웠냐는 의문입니다.

12는 문법적으로 잘못된 예다. 모두 '이다' 앞의 명사가 부적절하게 사용

되었기 때문이다. 12-1은 '입장' 앞에 완형보문([-다는(다고 하는)] 형식을 가진 관형절)이 쓰인 것이 잘못이다. '입장'은 일반적으로 불완전보문만이 선행될 수 있다.

위 예가 일견 문법적인 것처럼 보이는 것은 '입장'의 의미가 확대되어 쓰이고 있기 때문인데, 위 예에서 '없다는 입장입니다'는 '없어 현재는 수사할 수 없는 입장입니다'나 '없어 현재는 수사하지 않을 생각입니다' 정도의 의미가 무리하게 축약된 것이다.

'입장'은 '설명' '판단' 혹은 '변명'으로 바꾸어 볼 수 있다. 표현을 바꾸어서 의미가 좀더 명확하게 전달된다면 바꾼 표현이 더 바람직한 것일 것이다.

12-2의 '명목'과 12-3의 '의문'은 서술적인 [관형절+명사+이다]의 구문을 형성하는 명사가 아니다. 12-2가 문법적으로 적합하기 위해서는 '명목이다'에 대응하는 주어나 주제어가 있어야 한다. '이번 외유는' 정도의 주어가 있어야 문법적으로 맞다.

12-3은 '채웠냐는 점이 의문입니다'로 고쳐져야 한다. 마찬가지로 '이유' '원인' '목적' 등의 명사는 주어가 반드시 명시되어야 한다. 이 명사들은 [하다]가 붙어 동사를 만들지 못하고 '전달'의 의미도 없기 때문에 동사를 대신하는 의미로는 쓰일 수 없다.

13-1 수강생을 100퍼센트 합격시키기 위해 학원 측이 시험 당일 정답을 보내주겠다는 것이었습니다.

13-2 이러한 공판이 제대로 이뤄지려면 위증죄를 엄벌할 수밖에 없다는 것입니다.

13-3 자신의 지난주 일본 방문 때 일본이 독일처럼 과거를 철저히 다루어야 하냐는 일본 기자의 질문을 받고 일본이 한국과 중국 등 이웃나라와 대화를 하는 것이 필요하다는 점을 밝혔다는 것입니다.

13-4 결국 인터넷을 통한 의사 표시가 활발하다는 것입니다.

[-다는 것이다]의 형식도 실제 보도문에 꽤 보인다. 13의 구문은 9~11의 명사들을 [것]으로 대치한 것이다. 따라서 원래의 단어가 무엇인지 예측하기 어려운 문맥에서는 쓰이기 어렵다.

[것]은 형식명사로서 포괄적인 의미를 나타낼 수 있으므로 13의 예는 문법적으로 잘못된 것은 아니다. 다만 [것]은 구체적인 의미를 나타내지 못하기 때문에 대치된 것이 무엇인지 명확한 문맥에서만 사용하는 것이 좋다.

13과 유사한 구조로 '당위'나 '강조'의 의미를 나타내는 [것이다]가 있는데('이런 이유에서 모두 일치단결해야 하는 것이다'), 이때는 [것] 앞에 불완전보문만이 올 수 있으므로 13과 같이 완형보문이 온 예를 '당위'나 '강조'의 의미로 사용하는 것은 잘못이다.

14-1 30년 동안 남편을 간병하기 위해 막노동에 행상까지 해 왔던 이씨였습니다.

　➡ 이씨는 30년 동안 남편을 간병하기 위해 막노동에 행상까지 해 왔습니다.

14-2 일본인들이 즐겨 찾는 백화점 김치매장입니다.

14는 드물게 보이는 예로 동사 표현이 [관계절＋명사＋이다]의 형식으로 바뀐다. 앞의 구문과 다른 점은 명사로 구체적인 명사가 쓰인다는 점이다. 어떤 상황이나 행위를 현장감 있게 전달할 때 많이 사용되는 구문으로 주어 성분이 표현되지 않는다.

이 구문은 제시문적 성격을 지녀, 주어나 주제에 해당되는 것이 발화 상황에서 눈앞에 있을 때 사용될 수 있다. 표현 기법의 하나이므로 문법적으로 문제되지 않는다. 다만 텔레비전과 같이 화면이 있을 때는 나름대로의 효과를 가지지만 라디오와 같이 말만으로 전달될 때는 부적절할 때가 있다.

(3) [-다는(다고 하는)+명사] 구문의 사용을 줄이자

명사 앞에 쓰이는 완형보문([-다는(다고 하는)]의 형식을 가진 관형절)은 의미적으로 뒤에 오는 명사의 내용을 나타내는 것으로 흔히 동격절이라 부른다.

15-1 허벅지에 문신이 있다는 이유로 공무원 시험에서 탈락시킨 것은 차별이라며

15-2 김우중 회장이 재기를 노린다는 분석에 무게가 실리고 있습니다.

15는 동격절 구성의 예다. 우리말에서 동격절 구성은 자연스러운 구문이므로 이런 문장을 쓰는 것이 잘못은 아니다. 다만 전반적으로 문어에 두드러지게 보이는 구문 형식이어서 구어로서는 표현이 딱딱해지고 구조가 복잡해지기 쉬워서 문법적 잘못을 범하거나 효율적인 전달이 방해될 가능성이 높다.

16-1 총기 규제를 강화하는 쪽으로 정책을 펴왔지만 총기 사고는 줄지 않았다는 논리로 설득력을 얻은 것처럼 보입니다.

16-2 한반도 평화 비전 발표를 준비했으나 방문 자체로도 의미가 크다는 판단에 따라

16-3 중국 경제에 악영향을 끼칠 수도 있다는 고려도 작용한 것으로 분석됩니다.

16-4 물가 상승으로 내수 회복이 늦어질 수도 있다는 우려가 나오고 있습니다.

16-5 중국과의 관계가 쉽사리 개선되지 않을 것으로 우려하는 분위기가 많습니다.

특히 16과 같이 동격절이 너무 길어 구조가 복잡해지거나, 뒤에 다시 불필요한 동사가 쓰이면 정보가 효율적으로 전달되지 않고, 중복적인 느낌을 주게 된다.

16-1과 16-2는 명사 앞의 동격절이 길고 복잡해서 동격절의 범위가 모호하다. 16-1에서는 '총기 규제를 강화하는 쪽으로 정책을 펴왔지만'이 '논리'의

내용인지 아니면 '설득력을 얻다'에 연결되는 것인지 불분명하다. 16-2에서는 '한반도 평화 비전 발표를 준비했으나'가 '판단'의 동격절인지 모호하다.

16-3은 의미적으로 적절한 동격관계가 이루어지지 않은 예다. 의미적으로 '중국 경제에 … 수도 있다'는 '고려'의 내용이 아니다. '고려'보다는 '우려'가 적당하다.

16-3, 16-4, 16-5는 뒤에 불필요한 동사가 중복된 예다. 16-3의 '작용한'과 16-4의 '나오고', 16-5의 '분위기가 많다'는 잉여적이다. '고려'와 '우려'에 이미 서술적 의미가 있으므로 군이 동사를 덧붙일 필요가 없다. 16-3은 '고려한 것으로', 16-4는 '우려하고 있습니다'로 바꾸는 것이 좋다. 16-5의 경우 '우려하고 있습니다'로 충분하며, '분위기'를 강조하더라도 '우려하는 분위기입니다' 정도로 충분하다. 이와 같은 표현은 문장의 길이를 길게 할 뿐 아니라 군더더기가 많아져 의미가 오히려 불명확해진다. 16의 문장들은 아래 17과 같이 바꿀 수 있다.

17-1 총기 규제 강화에도 불구하고 총기 사고가 줄지 않았다는 논리로 설득력을 얻은 것처럼 보입니다.

17-2 한반도 평화 비전을 준비했지만 방문만으로도 의미가 크다고 판단하여

17-3 중국 경제에 악영향을 끼칠 수도 있다는 점도 고려된 것으로 분석됩니다.

17-4 물가 상승으로 내수 회복이 늦어지지 않을까 우려되고 있습니다.

17-5 중국과의 관계가 쉽사리 개선되지 않을까 크게 우려하고 있습니다.

17의 수정에서 알 수 있듯이 동격절 구성을 사용할 때는 다음에 주의해야 한다.

- 동격절을 짧고 간결하게 한다.
- 의미적으로 동격 관계를 이루도록 한다.
- 동격절의 명사와 뒤의 동사를 합쳐 하나의 동사로 표현한다.

특히 동격절 명사가 행위의 의미(이런 명사들은 대부분 [하다가 붙을 수 있다)를 지닐 때는 더욱 주의해야 한다.

18-1 일본 정치권과 언론은 중국 정부의 반일 시위 방조 의혹까지 제기하고 나섰습니다.

18-2 입양 관련 단체들은 이번 결정에 대해 원칙적인 환영의 뜻을 표했지만

18-3 총리의 발언은 일본의 유엔 안보리 상임이사국에 대한 중국의 반대 입장을 강력히 시사한 것입니다.

18-4 두 정상은 북핵 문제의 평화적 해결을 통한 동북아 평화번영의 원칙에 공감하고

18-5 전투 장비의 반출 가능성 시사는 또 다른 갈등 의혹을 낳았습니다.

18-6 통제가 어려워 오히려 인권 침해 우려가 높다며 반대 입장을 분명히 했습니다.

동격절 구성에서 동격절이 서술성 명사(한자어)로 바뀌면 18의 예문들과 같이 [명사+(의)+명사]의 구성이 된다. 이런 구성은 명사 사이의 관계를 명시하는 술어 성분이 없기 때문에 의미가 모호해질 소지가 많다는 점이 문제된다.

19-1 일본 정치권과 언론은 중국 정부가 반일 시위를 방조한 것 아니냐는 의혹까지 제기하고 나섰습니다.

19-2 입양 관련 단체들은 이번 결정에 대해 원칙적으로 환영한다는 뜻을 표했지만

19-3 총리의 발언은 일본의 유엔 안보리 상임이사국 진출을 반대한다는 중국의 입장을 강력히 시사한 것입니다.

19-4 두 정상은 북핵 문제의 평화적 해결을 통해 동북아의 평화번영을 꾀한다는 원칙에 공감하고

19-5 전투 장비가 반출될 수 있다는 시사는 또 다른 갈등 의혹을 낳았습니다.

19-6 통제가 어려워 오히려 인권을 침해할 우려가 높다며 반대 입장을 분명히 했습니다.

19는 18을 동사 표현의 동격절로 바꾼 것이다. 이와 같이 고치면 18에 비해 문장이 길어지지만 말하고자 하는 바는 명료해진다. 행위나 사건을 명사로 표현하면 압축적으로 정보를 전달할 수 있다는 장점이 있다. 그러나 자칫 불명확한 정보가 될 수 있다는 단점도 있다. 보도문을 작성할 때는 먼저 동사 표현으로 작성한 후, 전체 문맥에 따라 명사로 압축하는 것이 바람직한 절차라고 생각된다.

(4) 한문식 표현을 지양하자

한문식 표현이란 한문의 구조적 특성이 우리말에 반영된 것을 말한다. 우리말은 한문(중국어)과 계통이 달라 어순이나 문장 구조 등 큰 골격은 영향 받지 않는다. 그러나 일부 단어나 구의 모습에 한문의 속성이 남아 있는 경우가 있다. 이런 한문식 표현은 문어의 고유한 특성이다.

한문식 표현과 한자어의 사용은 같은 것이 아니다. 한자어는 부정적인 것이 아니다. 한자어는 의미를 압축적으로 표현할 수 있는 장점이 있다. 그래서 어떤 개념을 한 단어로 나타내기에는 우리말보다 한자어가 유용할 때가 많다. 한자어는 우리말 어휘 체계를 풍부하게 하는 긍정적인 기능이 있으며, 정확한

표현에는 한자어가 더 적합할 때가 많다. 그래서 논문 등과 같은 설명적 문장에는 한자어가 많이 사용된다.

　보도문도 설명문의 일종이므로 정확한 개념을 나타내기 위해서는 한자어의 사용이 불가피하다. 하지만 논문 정도의 정확한 개념 규정 등이 필요한 분야도 아니고, 말로 전달되는 것이기 때문에 구어로서의 자연스러움도 어느 정도 요구된다. 따라서 일상생활에서 별로 쓰지 않는 한자어를 사용한다든가 한자어를 지나치게 많이 사용하면 좋은 보도문에서 멀어질 소지가 많다.

　한자어 명사 중에는 자체에 서술적 성분을 가지고 있어 문법적으로는 명사지만 의미적으로는 행위나 상태를 나타내는 것이 있다. 이런 명사들은 대부분 [-하다]가 붙어 동사나 형용사로 사용될 수 있다. 보도문에 가장 많이 보이는 한문식 표현은 이런 서술성 명사가 과도하게 사용된 구성이다.

20-1 서술성 명사 뒤에 발화나 전달의 동사가 올 때

20-2 서술성 명사가 주제어나 주어로 쓰일 때

20-3 서술성 명사와 중첩되는 의미의 동사가 뒤에 올 때

20-4 서술성 명사 뒤에 조사 [-으로]나 [-에]가 올 때

　우리말에서는 어떤 행위나 상태를 나타내기 위해 '하는 것' '하는 일' '함' 등과 같은 명사절을 쓸 수도 있고, 한자어 명사만을 쓸 수도 있다. '그 사람은 사장 취임을 사양했습니다' '국민은 핵 문제에 있어서는 북한과의 타협을 반대하고 있습니다'와 같이 한자어 명사로 표현하는 것이 간결하고 명료할 때도 있다. 그러나 다음 21의 예문처럼 한자어 명사가 부적절하게 느껴질 때도 있다.

　어느 경우에 반드시 명사절이나 동사 표현을 사용할 것인가에 대해서는 명확한 기준이 없지만 대체로 위의 네 가지 경우에는 주의해야 한다. 이 기준은

절대적인 것이 아니고 잘못될 가능성이 높은 환경을 정리한 것이다.

21-1 노 대통령은 시연회장을 방문해 활발한 해외시장 개척을 당부했습니다.

21-2 이 자리에서 박 전 대통령은 직접 김씨의 제거를 언급하지는 않았으나

21-3 전투 장비의 반출 가능성 시사는 또 다른 갈등 의혹을 낳았습니다.

21-4 불이 난 지 10분쯤 지나면 유독가스로 가득찬 역사 탈출이 결코 쉽지 않은
것으로 나타났습니다.

21의 구문들은 서술성 명사가 사용된 전형적인 예다. 21-1, 21-2는 20-1에
해당한다. '당부하다' '언급하다' 등의 동사는 발화나 전달을 위한 동사다. 이
런 동사가 뒤에 올 때는 서술성 명사를 22-1, 22-2와 같이 인용절로 고치는
것이 자연스럽다. 21-3, 21-4는 20-2에 해당한다. 특히 서술성 명사에 [-는]
이 결합하면 부자연스러움이 부각된다.

22-1 노 대통령은 시연회장을 방문해 활발하게 해외시장을 개척할 것을 당부했
습니다.

➡ 노 대통령은 시연회장을 방문해 활발하게 해외시장을 개척해 달라고 당
부했습니다.

22-2 이 자리에서 박 전 대통령은 직접 김씨를 제거할 것을 언급하지는 않았으나

➡ 이 자리에서 박 전 대통령은 직접 김씨를 제거하라고 언급하지는 않았으나

22-3 전투 장비의 반출 가능성을 시사한 일은 또 다른 갈등 의혹을 낳았습니다.

➡ 전투 장비의 반출 가능성을 시사함으로써 또 다른 갈등 의혹을 낳았습
니다.

22-4 유독가스로 가득찬 역사를 탈출하는 것이 결코 쉽지 않은 것으로 나타났
습니다.

➡ 유독가스로 가득찬 역사를 쉽게 탈출하기 어려운 것으로 나타났습니다.

'개척' '제거' '시사' '탈출'은 명사지만 의미적으로는 행위에 해당되며 서술성을 지닌다. 이런 명사들은 22와 같이 명사절이나 동사 표현으로 바꿀 수 있다.

- 엄격한 관리가 시급합니다.
  ➡ 시급히 엄격하게 관리해야 합니다.
- 과거사 청산을 통한 국제적 신뢰 회복이 필요하다.
  ➡ 과거사 청산을 통해 국제적 신뢰를 회복해야 합니다.

'시급하다' '필요하다' '마땅하다' '정당하다' 등의 형용사가 뒤에 오는 당위 표현의 구문에 서술성 명사가 쓰이는 예가 많은데 많은 경우 어색한 구문이다. 당위 표현은 [부사+ -어야 하다]가 가장 자연스럽다.

23-1 중국 경제에 악영향을 끼칠 수도 있다는 고려도 작용한 것으로 분석됩니다.

23-2 물가 상승으로 내수 회복이 늦어질 수도 있다는 우려가 나오고 있습니다.

23-3 일본의 유엔 안보리 진출 시동에 분명한 반대를 나타내자

23-4 학기의 절반 이상을 숲속 실습을 통해 나무와 생태에 대한 현장 지식과 경험을 쌓습니다.

23-5 또 작년에는 부족한 돈을 추경예산으로 반영했지만 올해는 아직 미정으로 있어 예산이 줄어들 것이라는 우려도 있습니다.

24-1 중국 경제에 악영향을 끼칠 수도 있다고 고려한 것으로 분석됩니다.

24-2 물가 상승으로 내수 회복이 늦어질 수도 있다고 우려하고 있습니다.

24-3 일본의 유엔 안보리 진출 시동에 대해 분명히 반대하자

24-4 학기의 절반 이상을 숲속에서 실습하면서(실습함으로써) 나무와 생태에 대한 현장 지식과 경험을 쌓습니다.

24-5 또 작년에는 부족한 돈을 추경예산으로 반영했지만 올해는 미정이어서 예산이 줄어들 것이라는 우려도 있습니다.

위의 예문은 20-3에 해당된다. 23에서 서술성 명사 뒤에 쓰인 '작용하다' '나오다' '나타내다' '통하다' '있다'는 서술성을 보충하는 것일 뿐 추가 정보를 제공하는 것이 아니다. 이런 동사들을 모두 [하다로 대치해도 전체 의미가 크게 달라지지 않는다. 이와 같이 잉여적인 의미의 동사가 쓰인 경우는 24와 같이 합쳐서 하나의 동사로 표현하는 것이 좋다.

25-1 음주 운전한 사촌형의 부탁으로 위증을 했다가

25-2 이번 행사는 국민 여러분의 적극적인 참여로 성공리에 끝났습니다.

25-3 네티즌들의 접속 폭주로 몇 시간 동안 해당 사이트가 마비되었습니다.

25-4 일본의 고립 외교에 대한 우려로 미국이 적극적으로 나선 것입니다.

25-5 감호소 동기의 자작극 제보에 수사에 혼선은 물론 주말 강화도 나들이객들이 큰 불편을 겪어야 했습니다.

25-6 여성 일왕제를 도입하는 방안까지 검토하는 등 일왕제 유지에 안간힘입니다.

26-1 음주 운전한 사촌형이 부탁해서 위증을 했다가

26-2 이번 행사는 국민 여러분이 적극적으로 참여해 주셔서 성공리에 끝났습니다.

26-3 네티즌들의 접속이 폭주해서 몇 시간 동안 해당 사이트가 마비되었습니다.

26-4 일본의 고립 외교를 우려해서 미국이 적극적으로 나선 것입니다.

26-5 감호소 동기가 거짓으로 제보하여 수사에 혼선은 물론 주말 강화도 나들이객들이 큰 불편을 겪어야 했습니다.

26-6 여성 일왕제를 도입하는 방안까지 검토하는 등 일왕제를 유지하기 위해 안간힘입니다.

25는 20-4에 해당된다. 25-1, 25-2, 25-3, 25-4는 서술성 명사 '부탁, 참여, 폭주, 우려'에 [-으로]가 붙은 예고, 25-5와 25-6은 '제보, 유지'에 [-에]가 붙은 예다. 이런 형식은 '이유'의 의미로 사용될 때는 문법적이고 비교적 자연스럽다. 그러나 25-6과 같이 '이유' 이외의 의미로 사용될 때는 부자연스럽다. 어떤 의미로 쓰였는가는 26과 같이 동사 표현으로 바꾸어 보면 확인할 수 있다.

27-1 마권을 사려는 사람들로 창구 앞이 분주합니다.

27-2 인근 주민들은 죽어 떠오르는 자라들로 몸살을 앓고 있습니다.

27-3 별 이유 없이 반복되는 어머니의 구타와 욕설에 집에 있는 것 자체가 곧 공포였습니다.

25의 형식은 27과 같이 서술성 명사가 아닌 일반 명사에도 사용될 수 있다. 단 명사 앞에 반드시 관형절이 와야 한다.

28-1 사람들이 마권을 사려고 몰려 창구 앞이 분주합니다.

28-2 인근 주민들은 자라들이 죽어 떠올라 몸살을 앓고 있습니다.

28-3 어머니의 구타와 욕설이 별 이유 없이 반복되어서 집에 있는 것 자체가 곧 공포였습니다.

28은 27을 동사 표현으로 바꾼 것이다. 이렇게 바뀌어도 전체 의미는 변화하지 않고 문체적 차이만 나타날 뿐이다. 문체적 차이는 개인에 따라 선호도가 다르기 때문에 어느 것이 더 바람직하다고 할 수 없다. 상황에 따라 적절한 표현을 골라 쓰면 된다.

여기서 이 형식을 문제 삼은 것은 보도문 전반에 걸쳐 이와 같은 문어적 표현이 많기 때문에 표현 상호간의 관계를 이해하고 사용하기를 권장하기 위해서다. 특히 서술성 명사 구문이나 형식이 남용되면 29, 30과 같은 비문법적 문장이 발생하기도 한다.

29-1 더구나 중국 정부가 [일본의 유엔안보리 진출 시도에도 분명한 반대]를 나타내자 곤혹스러운 표정입니다.

29-2 [집값 상승에 강한 제동] 의지를 밝혔습니다.

29-3 서울시 하수도 사용료가 40퍼센트 오르고 [택시요금도 20퍼센트 정도 인상]이 예상됩니다.

29-4 [판매와 소지에 엄격한 관리]가 시급합니다.

29-5 바로 [국민의 입장에서 합리적인 결단]이 필요한 때입니다.

29-6 임업전문대학생들은 [학기의 절반 이상을 숲속 실습]을 통해 나무와 생태에 대한 현장 지식과 경험을 쌓습니다.

29-7 [공무원 채용 시에 이같은 신체조건 제한]에 대해 국가인권위원회가 문제를 제기했습니다.

30-1 더구나 중국 정부가 [일본의 유엔안보리 진출 시도를 분명히 반대하자] 곤혹스러운 표정입니다.

30-2 [집값 상승을 막겠다는] 강한 의지를 밝혔습니다.

30-3 서울시 하수도 사용료가 40퍼센트 오르고 [택시요금도 20퍼센트 정도 인상될 것으로] 예상됩니다.

30-4 시급히 [판매와 소지를 엄격히 관리해야 합니다.]

30-5 바로 [국민의 입장에서 합리적으로 결단해야 할] 때입니다.

30-6 임업전문대학생들은 [학기의 절반 이상을 숲속에서 실습하면서] 나무와 생태에 대한 현장 지식과 경험을 쌓습니다.

30-7 [공무원 채용 시에 이같이 신체조건을 제한하는 것]에 대해 국가인권위원회가 문제를 제기했습니다.

위의 구문은 서술성 명사가 마치 동사처럼 문장 성분을 가지고 있다. 서술성 명사는 의미적으로는 동사와 유사하지만 문법적으로는 명사이기 때문에 관형어([명사+의], 관형절)만이 앞에 올 수 있으며, 29와 같이 부사어, 주어, 목적어를 지배할 수 없다.

29에서 밑줄 친 부분을 연결해 보면 문법적으로 잘못되었음을 쉽게 알 수 있다. 특히 [-에]가 잘못 연결된 예가 많이 나타난다. 이런 잘못을 수정하기 위해서는 앞의 밑줄 친 부분을 [명사+의]나 [명사+에 대한] 정도로 바꾸거나 뒤의 명사를 동사로 바꾸면 된다. 30은 29를 수정한 문장들이다.

31-1 전국이 15도 안팎의 기온으로 오늘보다는 조금 낮아지겠습니다.

31-2 점심에 빵 한 조각으로 내몰리는 학생이 늘어가고 있습니다.

31-3 대한독립만세 함성과 일본의 역사 왜곡에 대한 울분으로 임시정부 수립의 의미가 새롭게 되살아났습니다.

31-4 감호소 동기의 자작극 제보 때문에 수사에 혼선은 물론 주말 강화도 나들이객들이 큰 불편을 겪어야 했습니다.

32-1 전국의 기온은 15도 안팎으로 오늘보다는 조금 낮아지겠습니다.

32-2 점심에 빵 한 조각으로 식사를 때우는 학생이 늘어가고 있습니다.

32-3 대한독립만세 함성 소리와 일본의 역사 왜곡에 대한 울분을 토하는 마음으로

임시정부 수립의 의미가 새롭게 되살아났습니다.

32-4 감호소 동기의 자작극 제보 때문에 수사에 혼선을 빚은 것은 물론 주말 강
화도 나들이객들이 큰 불편을 겪어야 했습니다.

31은 서술성 명사가 아닌 명사가 서술성 명사 구문처럼 사용되었다. 대부분 있어야 할 서술어가 잘못 생략되어 오류가 발생했다. 명사만으로 행위를 표현하려 하다 보면 이와 같은 잘못이 나타나기 쉽다. 이런 점에서 행위나 상태는 동사로 표현하는 것이 문법적으로 안전하다. 32는 31을 수정한 문장들이다.

3 문법적인 문장을 위해

(1) 조사는 용법에 따라 일관되게 사용하자

조사는 문장 성분 사이의 관계를 나타내는 주요 수단이다. 조사가 잘못 사용되면 전체 문장구조가 모호해지기 때문에 문법적으로 바른 문장을 쓰기 위해서는 기본적으로 정확한 용법의 조사를 사용해야 한다. 여기서는 실제 보도문에서 잘못 사용된 예가 많은 조사의 용법을 정리한다.

● [-는]

> • 하나의 서술어에 대해 '화제'와 '대조'의 [-는]은 각각 한 번만 사용될 수 있다. 이 점은 비슷한 속성의 [-도] [-만]도 마찬가지다.
> • '화제'의 [-는]은 한 문장에 한 번만 사용하는 것이 바람직하다.
> • 타인의 말을 인용할 때는 문장구조가 바뀌므로 [-는]을 조정해야 한다.
> • 내포문(관형절, 명사절)과 종속절 안의 [-는]은 '대조'의 의미로 쓸 수 있을 뿐,

'화제'의 의미로는 쓸 수 없다.

- '화제'의 [-는]도 서술어와 호응 관계를 가져야 한다.

- [-는]은 명사를 부각시켜 강조하는 기능이 있으므로 강조점을 잘 선택해야 한다.

[-는]에 대해서 정리해 놓았다. [-는]은 '대조'와 '화제 제시'의 기능을 가진다. 1의 예문은 '대조'의 [-는]이 쓰인 예고, 2는 '화제'의 [-는]이 쓰인 예다.

1-1 이 식물이 습지에서는 잘 자란다.

1-2 서쪽 하늘에 샛별은 떴다.

1-3 나는 화학은 좋아하지만 생물은 싫어한다.

1-4 철수는 공부를 하고 동생은 책을 읽는다.

'대조'의 [-는]은 그것 이외의 다른 것은 배제하는 의미를 보인다. 1-1은 '습지에서는 잘 자라지만 다른 곳에서는 알 수 없다'는 의미를 나타낸다. '다른 곳에서는 알 수 없다'는 말이 없지만 [-는]에 의해 쉽게 추측할 수 있다.

이런 특성은 [-는]이 없는 '이 식물이 습지에서 잘 자란다'와 비교해 보면 쉽게 알 수 있다. 또 [-도]와 [-만]이 사용된 예와 비교해 봐도 [-는]의 의미를 확인할 수 있다. 마찬가지로 1-2도 '서쪽 하늘에 샛별은 떴다. 그러나 다른 별이나 달은 모르겠다' 정도의 의미로 해석된다.

이와 같이 [-는]은 두 대상을 대조해 한 쪽을 부각시키는 기능을 가진다. 따라서 1-3과 1-4와 같이 [-고][-지만]으로 연결된 접속문에서는 '대조'의 기능이 명료해진다. 1-3에서는 '화학'과 '생물' 1-4에서는 '철수'와 '동생'이 대조된 것이다.

> 2-1 철수는 우리 반 반장이다.
>
> 2-2 철수가 우리 반 반장이다.
>
> 2-3 훈민정음은 세종이 직접 만들었다.
>
> 2-4 그런 마음가짐으로는 아무것도 하기 어렵다.
>
> 2-5 우리 마을에서는 철수가 가장 힘이 세다.

'화제'는 설명이나 언급의 대상이 되는 부분을 가리킨다. 문장 성분에 [−는]이 붙으면 화제가 된다. '화제'의 [−는]은 이제부터 새로운 정보를 덧붙이기 위한 대상이기 때문에, 청자나 화자 모두 알고 있는 것이어야 한다. 2-1과 2-2를 비교해 보면 [−는]의 기능을 알 수 있다.

2-1에서 초점은 '우리 반 반장'에 있으며, 이것이 새로운 정보다. 화제인 '철수'는 청자나 화자가 모두 알고 있는 인물이고, 그에 대해 기술하고 있는 문장이다. 2-2에서 초점은 '철수가'에 있고 이것이 새로운 정보다. 이런 문장은 '누가 반장이냐'에 대한 답변으로 주로 쓰인다. '누가'에 해당되는 새로운 정보를 나타내기 위해 '철수가'가 쓰인 것이다. 이런 상황에서 '철수는'은 쓰기 어렵다.

[−는]은 주어뿐 아니라 목적어, 부사어([−으로] [−에서])에도 붙을 수 있으며, 그러면 모두 화제가 된다. 화제가 되었다 해도 원래 문장 성분이 변한 것이므로 서술어와 문법적 관계(호응 관계)는 그대로 유지해야 한다. 만일 이런 호응 관계가 성립하지 않으면 그것은 잘못된 문장일 가능성이 높다.

2에서 보듯이 화제는 문장의 첫머리에 쓰이는 것이 원칙이므로, '대조'와 '화제'의 구분은 위치에 따라 어느 정도 판단할 수 있다. [−는 몰라도]와 같이 한정하거나 배제하는 의미가 더해지지 않는 [−는]은 모두 '화제'라고 판단해도 된다.

[-는]은 한 문장에 너무 많이 사용되면 안 된다. 하나의 서술어(동사, 형용사, [명사+이다])에는 '화제'의 [-는]과 '대조'의 [-는]이 한 번씩만 허용된다. 특히 '화제'의 [-는]은 전체 문장에서 한 번만 사용되는 것이 바람직하다. '대조'의 [-는]은 전체 문장에서 여러 번 쓸 수 있지만 무제한적으로 쓸 수 있는 것은 아니다. [-는]은 결합된 명사나 성분을 부각시켜 강조하는 효과를 가지기 때문에 한 문장에 너무 많이 쓰이면 오히려 문장이 산만해진다.

3-1 일본<u>은</u> 민간업자들이 지난 40년 동안 줄기차게 시굴권을 요청했지만 대중국 관계를 고려한다며 허가<u>는</u> 내주지<u>는</u> 않았었습니다.

3-2 이번 조사에서<u>는</u> 의사들이 환자를 얼마나 잘 치료할 수 있는지를 보는 의료진의 임상 능력<u>은</u> 평가에 포함되지 않았다고 복지부<u>는</u> 밝혔습니다.

위의 문장들은 [-는]이 지나치게 많이 사용되어 효과적인 전달이 방해받고 있다. 3-1에서는 [-는]이 세 번 사용되었다. '일본은'은 '화제'에 해당되며, '허가는'과 '내주지는'의 [-는]은 '대조'에 해당된다.

이 문장에서는 두 가지 잘못이 있다. 첫째는 화제와 관련되는 서술어 '내주지 않다'가 너무 멀리 떨어져 호응 관계를 알기 어렵다는 점이고, 둘째는 하나의 서술어에 대해 '대조'의 [-는]이 중복되어 사용되었다는 점이다.

대부분의 '화제'는 문장 성분이 변화한 것이므로 서술어와 호응해야 한다. 그러므로 화제를 만드는 [-는]은 서술어와의 호응 관계를 명확히 알 수 있도록 할 필요가 있다. 3-1에서는 [-는]과 서술어 사이에 '민간업자들이 지난 40년 동안 줄기차게 시굴권을 요청하다' '대중국 관계를 고려한다'는 두 개의 문장이 들어가 있어서 [-는]과 호응하는 서술어가 무엇인지 명확하지 않다.

따라서 중간 부분을 '민간업자들의 시굴권 요청에도 불구하고 대중국 관계를 고려하여'와 같이 부사어로 바꾸거나 불필요한 정보를 생략해 문장의 길이를 짧게 하면 알기 쉬운 문장이 된다. 개인적으로는 후자의 방식이 더 낫다고 생각한다.

[-는]의 중복 문제는 어느 한쪽을 생략하면 된다. '허가를 내주지는'이나 '허가는 내주지'로 바꾸면 된다. 하나의 서술어에 대해 한 번만 사용한다는 규칙에 따르면 쉽게 고칠 수 있다. 이런 잘못은 의외로 범하기 쉽다.

특히 문장이 길어지면 그 가능성이 더욱 높아진다. 전체 문장의 구조를 고려하지 않고 연속적으로 문장을 작성하는 과정에서 발생하는 오류이므로 문장을 작성한 후에 문장 전체를 [-는]에 유의해 검토하면 쉽게 발견하고 고칠 수 있다.

3-2에서도 [-는]이 세 번 사용되었다. '이번 조사에서는'과 '복지부는'은 '화제' '임상능력은'은 '대조'에 해당된다. '화제'가 두 번 중복된 구성이다. '이번 조사에서는'은 인용문의 화제이고 '복지부'는 전체 문장의 화제이므로 문법적으로 잘못된 것은 아니다.

화제가 중복되는 예는 타인의 말을 인용하는 문장에 많이 나타난다. 그러나 아무리 인용문이라도 화제가 중복되는 것은 좋지 않다. 더구나 뒤의 '복지부는'의 위치가 문장의 첫머리가 아니기 때문에 화제로서의 기능이 약하게 느껴져 자칫 '다른 기관은 몰라도 복지부는' 정도의 대조 의미로도 해석될 수 있다.

인용문에서 화제의 [-는]이 중복될 때는 부각시키고자 하는 하나를 선택하는 것이 전달 효율성이 높아진다. 3-2의 예는 '복지부'의 위치를 옮겨 '복지부는 의사들이 환자를 얼마나 잘 치료할 수 있는지를 보는 의료진의 임상 능력은 이번 평가에 포함되지 않았다고 밝혔습니다'로 하거나 '이번 조사'를 강조하여 '이번 조사에서는 의사들이 환자를 얼마나 잘 치료할 수 있는지를 보는 의료진의 임상 능력은 평가에 포함되지 않았습니다'와 같이 고치는 것이 좋다.

4-1 [가을은 오는 소리]가 들린다.

4-2 [네 주장은 옳았음]을 우리는 나중에야 깨달았다.

4-3 (미국은) [또 북한은 보고관이 현지를 방문해 자유롭고 제약 없이 활동하도록 모든 조치를 취해야 할 것]도 요구하고 있습니다.

4-4 [이 의원은 지나친 규제로 경제가 좋아지지 않다고 평하자] 한덕수 부총리는 그리 비관적이지 않다고 맞섰습니다.

내포문(관형절, 명사절)과 종속절 속의 [−는]은 '대조'의 의미로 쓸 수 있을 뿐, '화제'의 의미로는 쓸 수 없다.

4-1은 관형절, 4-2는 명사절 안에 [−는]이 쓰인 예다. '화제'의 의미로는 잘못된 문장이지만, '가을은'과 '주장은'을 '다른 계절은 몰라도 가을은' '다른 행동은 몰라도 네 주장은'과 같이 '대조'로 해석하면 정상적인 문장이다.

4-3과 4-4는 실제 보도문의 잘못된 예다. 이런 잘못은 대부분 문장이 긴 경우에 많이 나타난다. 문장이 길어지고 복잡해지면 내포문이나 접속절이 많아지기 때문에 [−는]도 잘못 사용될 소지가 많다.

4-3에서 '북한은'은 '요구하다'의 주체가 아니다. '미국은' 정도가 생략된 문장이다. '할 것'이라는 명사절 안에 화제를 나타내는 [−는]이 쓰였기 때문에 잘못이다. '북한은'은 '북한이'로 바뀌어야 한다. 이런 오류 유형도 남의 말을 인용할 때 많이 나타난다. 실제 말할 때는 [−는]을 썼더라도 그것을 옮겨 전달할 때는 문장구조가 바뀌므로 [−는]도 그에 맞춰 조정해야 한다.

4-4는 문장을 연결할 때 범하기 쉬운 잘못이다. [−고] [−으며] [−지만] [−으나와 같이 의미상 대등한 접속문에서만 [−는]이 '대조'의 의미로 해석될 수 있다. [−는]은 대등 접속을 이루는 것이 아니므로 앞 문장의 '이 의원은'은 '이 의원이'로 바뀌어야 한다.

이런 유형의 어미로는 '시간'의 [−어서] [−으면서] '이유'의 [−어서] [−으니까 '양보'의 [-어도] [-더라도] [-은들] [-을 망정] '조건'의 [-으면] [-거든] [-어야] '목적'의 [-게] [-도록]이 있다. 이런 어미로 연결된 문장에서 앞뒤 문장의 주어가 다르면 뒷문장의 주어에만 [-는]이 쓰일 수 있다.

● [-에 대해(서)]

5-1 [-에 대해]는 현상이나 행위, 추상성을 나타내는 명사 뒤에만 쓰일 수 있다. 구체적이고 개별적인 사물명사 뒤에는 쓰일 수 없다.

5-2 단체나 조직을 나타내는 집합성명사는 유정有情, 무정無情의 판단이 어려우므로, [-에 대해]를 [-에]나 [-에게]를 대신해 쓸 수 있다. 이때는 [-를 상대로] 정도의 의미로 해석된다. 그러나 선행 명사의 유정, 무정의 판단이 분명한 명사에는 [-에 대해]를 쓸 수 없다.

5-3 [-에 대해]는 목적격조사 [-를]을 대신해 쓸 수 없다. 다만 현상이나 사건을 나타내는 명사나 명사절 뒤에는 쓸 수 있다. [-데 대해]는 명사절이 굳어진 표현이므로 [-에 대해]가 허용될 수 있다.

5-4 [-에 대해]는 화제를 밝히는 기능으로 쓸 수 있다. 단 기본적으로 부사어이기 때문에 서술어와 반드시 호응 관계를 가져야 한다.

최근 들어 많이 사용되는 형식으로, 정확한 용법이 규명되어야 할 조사이다. 여기에 잠정적으로 용법을 정리해 보았다.

6-1 전통문화에 대해 관심을 보이다 / 너는 한글의 우수성에 대해 뭘 아느냐 / 건강에 대하여 묻다 / 이 문제에 대하여 토론해 보자

6-2 신탁통치 안에 대해 전 국민이 반대했다 / 장관이 이 사건에 대해 책임을 지

고 사임하였다 / 강력 사건에 대해 대책을 마련하다

6-3 유엔 안보리 개혁 문제에 대해서는 독일이 가입 대상만 된다면 유엔 안보리 상임이사국이 될 자격이 충분한 것으로 생각하고 있다.

6-4 이 확약서가 보증서의 효력이 있는지에 대해 법률 자문을 구했습니다.

6의 구문은 5-1의 조건을 보이는 예들이다. 6-1과 같이 [−에 대해] 앞에는 추상명사나 6-2처럼 현상, 사건을 나타내는 명사가 쓰임을 알 수 있다. [−에 대해] 앞의 명사들은 6-4와 같이 문장으로도 바뀔 수 있다. 6-3의 '개혁 문제'는 '유엔 안보리를 어떻게 개혁할 것인가에 대해서는' 정도로 바꿔도 의미가 달라지지 않으며, 마찬가지로 6-4는 '확약서의 보증서 효력에 대해'로 바꿀 수 있다. 이런 변화는 [−에 대해] 앞에는 추상적이고 개념적인 의미를 나타내는 명사가 쓰여야 한다는 점을 반증하는 것이다.

7-1 소음을 발생시킨 주민에 대해 벌금 10만 원을 부과하라는 지침을 일선 경찰서에 내려 보냈습니다.

7-2 통일부는 올 1월 철도공사에 대해 북한 모래운송 사업을 승인한 사실이 있다.

7-3 노무현 대통령이 북한에 대해 비판적 메시지를 보냈습니다.

7-4 노 대통령은 이에 대해 그 말씀만으로도 일본에 대해 충분한 메시지가 전달됐다고

7의 문장들은 5-2의 예다. 7의 [−에 대해]는 [−에게]나 [−에]로 바꿀 수 있다. 6과는 달리 [−에 대해] 앞의 명사가 개별적이고 구체적이다. 또 [서]를 붙여 [−에 대해]로 고치면 부자연스러워지는 점도 다르다.

우리말에서는 '주다, 보내다, 전달하다, 승인하다' 등의 수여동사受與動詞가 쓰일 때 행위가 미치는 대상에 [−에]와 [−에게]를 쓴다. 이때 명사가 인간이

나 동물과 같이 움직일 수 있는 유정물有情物이면 [-에게]를, 식물이나 사물과 같은 무정물無情物이면 [-에]를 쓴다.

7의 명사들은 유정물인지 무정물인지 애매하다. '주민'은 분명 유정물이지만 여기서의 '주민'은 주민의 집합체를 가리키는 것이지, 개개의 주민이 아니다. 집합체는 무정물에 가깝다. 반대로 '철도공사, 북한, 일본' 등의 조직체를 가리키는 명사는 무정물이지만 유정물처럼 행동하기도 하는 부류다. 이런 부류의 명사들은 [-에서]가 붙어 주어처럼 사용되기도 한다.

7의 [-에 대해]는 [-를 상대로 하여] 정도의 의미로 해석되는데, 유정명사와 무정명사의 판단이 어려운 경우, [-에 대해]를 씀으로써 [-에] [-에게]의 선택을 회피한 것으로 보인다. 7의 예를 [-에]나 [-에게]로 바꾸면 오히려 부자연스러움을 느낄 때도 있고, [-에 대해]를 쓰는 것이 편할 때가 많다. 따라서 이러한 [-에 대해]는 새로운 용법의 하나로 인정할 수 있으며, 7의 예들도 적절한 문장이라 할 수 있을 것이다.

8-1 골프를 쳐 물의를 빚은 데 대해 공식 사과했습니다.
8-2 한국인에게 크나큰 아픔을 드린 데 대해 반성한다고 말했습니다.
8-3 일본의 고립 외교에 대한 우려로 미국이
8-4 오늘 김세호 건설교통부 차관에 대해 출국 금지 조치했습니다.

8은 5-3과 관련된 예문이다. 여기서의 [-에 대해]는 [-를]로 바꿀 수 있다. [-에 대해]는 목적어를 나타내는 기능이 없으므로 위의 문장들은 잘못된 문장이다. 그러나 자연스러움에 대한 판단이 획일적이지는 않다.

8-3, 8-4에 비해 8-1과 8-2는 허용될 수 있을 것으로 보인다. '물의를 빚은 데'나 '아픔을 드린 데'는 모두 명사절로서 행위 표현이기 때문에 현상이나 사건의 명사가 [-에 대해] 앞에 쓰일 수 있다는 5-1의 조건을 만족시키고 있으

며 [−에 대해]라는 고정된 형식으로만 쓰이므로 일종의 관용 표현으로 인정할 수 있기 때문이다.

반면에 8-3과 8-4는 잘못된 표현이다. 8-3은 '일본의 고립 외교를 우려하여' 8-4는 '건설교통부 차관을'로 고쳐져야 한다.

[−를]로 대치될 수 있는 [−에 대해]는 앞의 명사가 현상이나 사건을 나타내는 명사절이면 쓸 수 있지만 그 외에는 쓸 수 없다. 다만 [−데 대해]는 명사절이 굳어진 표현이므로 [−에 대해]가 허용될 수 있다.

9-1 외교백서는 또 중국에 대해서도 동중국해의 가스전 개발 등 해양 진출이 일본의 안전 보장과 주권을 침해하는 심각한 문제라고 지적하고 중국 정부에 대해 엄중한 항의를 하고 있다고 설명했습니다.

9-2 김세호 전 철도청장의 역할에 대해서도 검찰이 풀어야 할 숙제로 남게 되었습니다.

위의 문장들은 5-4와 관련된 예문이다. 여기서의 [−에 대해]는 화제를 나타내는 기능을 한다. 그러나 비록 화제어로 쓰였다 해도 기본적으로 부사어기 때문에 서술어와 관련(호응)되어야 한다.

9의 예들은 서술어와의 적절한 호응 관계를 갖추지 못한 비문이다. 여기서 밑줄 친 부분 '중국에 대해서도'와 '역할에 대해서도'는 관련되는 서술어를 찾을 수 없다. 9-1은 '중국이' 정도로, 9-2는 '역할도'로 고쳐져야 할 것이다.

● [−에]

[−에]가 잘못 사용되는 가장 많은 예는 [−에서]가 쓰일 자리에 [−에]가 쓰이는 것이다. 우리말에서 장소를 나타내는 [−에]를 쓸 것인가 [−에서]를 쓸

것인가는 뒤에 오는 동사에 따라 결정된다. 일반적으로 '있다, 많다, 숨다, 남다'와 같이 '존재'의 의미를 지닌 동사가 오면 [−에]가 쓰이고, 그 외의 동사가 오면 [−에서]가 쓰인다고 한다.

그러나 의미 판단은 상당히 주관적인 것이어서 어떤 동사가 '존재'의 의미인지 판단하기 쉽지 않다. 따라서 이 조건만으로 [−에]와 [−에서]를 구별하기 어렵다. 또 '벽에 그림을 그렸다, 방에서 그림을 그렸다'와 같이 같은 동사면서도 [−에]와 [−에서]가 다 쓰이기도 하며 '도서관에서 어제 배운 것을 노트에 적어 보았다'와 같이 한 문장에 [−에]와 [−에서]가 같이 쓰이기도 한다.

따라서 '행위의 결과가 남게 되거나 남아 있는 곳', 즉 '존재하는 곳'을 나타내면 [−에]가 쓰이고, '행위가 일어나는 공간'을 나타내면 [−에서]를 쓴다는 조건도 함께 고려하는 게 판단하기 쉬울 것이다.

앞의 예문에서 그림을 그린 행위의 결과가 '벽'에 남아 있기 때문에 '벽에'가 되는 것이고, 그림을 그리는 행위가 이루어진 공간은 '방'이기 때문에 '방에서'가 되는 것이다. 또 적는 행위의 결과는 노트에 남지만 적는 행위가 이루어지는 공간은 도서관이기 때문에 각각 '노트에'와 '도서관에서'로 되는 것이다.

10−1 이런 상황 속에 미국이 일본 측을 두둔하고 나서면서 미중 간에도 긴장이 흐르기 시작했습니다.

10−2 철도청 내부회의에 왕영용 본부장이 제출한 보고서입니다.

10−3 백서에는 독도가 역사적 사실에 비추어 보나 국제법상으로나 자신들의 고유 영토라고 강조한 뒤 현재 한국 정부에 대해 냉정히 기록하고 있습니다.

위의 예문은 [−에서]가 쓰일 자리에 [−에]가 쓰인 예로 비문법적인 문장이다. 10-1의 동사는 '흐르기 시작하다'다. '존재'의 의미가 없으므로 '상황 속에'는 '상황 속에서'로 되어야 한다. 기원적으로 [−서]는 '있어'의 의미이므로 [−서가 필요한지 판단하기 위해 [−서]를 '있어'로 바꿔 보는 것도 한 방법이다.

10−2는 '제출하다'에 이끌려 [−에가 쓰인 것으로 보인다. 그러나 이 문장에서 '회의'는 대상이 아니라 상황이다. 상황은 공간에 가까우므로 [−에서] 쪽이 좀더 자연스럽다. 이 문장은 '내부 회의에서 참석자들에게 제출한 왕 본부장의 보고서입니다' 정도의 의미다.

10−3은 사정이 약간 복잡하다. '백서'를 '기록하다'의 장소로 파악해 생긴 잘못이다. '기록하다'는 능동적 행위이기 때문에 행위자가 요구된다. 이 문장에서는 '백서'가 행위자가 될 수밖에 없다. 따라서 주격적인 [−에서가 쓰여야 한다.

11−1 북한에서 온 동물들은 오늘 10일부터 일반에 공개되고

위의 문장은 [−에게가 쓰일 자리에 [−에가 잘못 쓰였다. 여기서 '일반'은 대상도 장소도 아닌 추상적인 개념어이다. [−에는 구체적인 명사와 어울리므로 어색한 표현이다. '일반인에게'로 고쳐져야 한다.

12−1 일단 김세호 건교부차관 등에 출국금지 조치를 내렸습니다.

12−2 사할린 유전 사업은 청와대에서 주관하면 국정원과 외교부 등에 비공식적으로 양해가 돼 있다.

12−3 일본의 상임이사국 진출에 반대하는 국제적인 공감대를 마련하기 위한 자리입니다.

12−4 동북아 평화 번영을 도모할 것에 공감하고

12−5 동북아 시대 구상에 큰 시사점을 갖는 데 공감했습니다.

12−6 세계 평화에 긴요하다는 데 인식을 같이 했습니다.

12-7 비용이 다소 부담스럽더라도 감당하는 데 한국민이 반대하지 않을 것이라고
　　말했습니다.

13-1 일단 김세호 건교부차관 등에 대해 출국금지 조치를 내렸습니다.

13-2 사할린 유전 사업은 청와대에서 주관하면 국정원과 외교부 등에 대해 비공
　　식적으로 양해가 돼 있다.

13-3 일본의 상임이사국 진출에 대해 반대하는 국제적인 공감대를 마련하기 위한
　　자리입니다.

13-4 동북아 평화 번영을 도모할 것에 대해 공감하고

13-5 동북아 시대 구상에 큰 시사점을 갖는 데 대해 공감했습니다.

13-6 세계 평화에 긴요하다는 데 대해 인식을 같이 했습니다.

13-7 비용이 다소 부담스럽더라도 감당하는 데 대해 한국민이 반대하지 않을 것
　　이라고 말했습니다.

　　실제 방송문을 보면 [-에 대해]가 줄여진 듯한 [-에]의 예를 자주 접할 수
있다. 이런 [-에]는 일반적인 [-에]보다 다양한 용법을 보인다. [-에 대해]는
'대해'가 있기 때문에 [-에]보다 광범위한 기능을 갖게 된 것이다. 그러나 '대
해'를 생략한 채 [-에]만으로 그 기능을 나타내는 것은 바람직하지 않다. 따라
서 '-를 상대해'의 의미로 쓰이는 [-에]나 [-를]의 자리에 [-에]가 쓰이는 것
은 문법적으로 잘못된 것이다. [-에 대해]로 바꾸든지 아니면 [-에게]와 [-
를]로 바꾸어야 할 것이다.

　　12는 [-에 대해]에서 '대해'가 생략되고 [-에]만 쓰인 예다. 12의 [-에]는
[-에 대해]로 바꿔 볼 수 있으며, 바꾼 쪽이 더 자연스럽게 느껴진다.

　　13의 예를 보자. 특히 '데'가 쓰인 12-5, 12-6, 12-7은 목적어처럼 기능하
는 등 [-데 대해]와의 관련성이 더욱 강하게 느껴진다. 12의 [-에]는 13과 같

이 [−에 대해]로 적는 것이 더 명료하고, 조사를 일관되게 사용하는 것이다.

14-1 우리의 주권 행사에 중대한 제약 요소로 작용할 수 있기 때문이라는 겁니다.

14-2 자국민의 신변 안전 보호에 비상이 걸렸습니다.

14-3 하지만 아직도 열악하기만 한 우리 연구 환경에 유망한 제자들을 외국에 빼앗길 거라는 걱정이 앞섭니다.

14의 [−에]는 '상황'이나 '이유'를 나타내는 의미로 해석된다. 여기서 [−에] 앞의 명사는 모두 서술성 명사거나 [관형어+명사]의 형식을 가진다. 이런 명사류는 행위의 의미로 해석될 수 있다. 그런데 한문식 표현을 줄이자고 했듯이 14의 [−에]도 동사 표현으로 바꾸는 게 좋을 것이다. 즉 14-1은 '주권을 행사할 때', 14-2는 '신변 안전을 보호하기 위해', 14-3은 '우리 연구 환경이 열악해서'로 표현하는 것이 더 간명하게 느껴진다.

(2) 앞뒤 문장의 의미를 명확히 해주는 연결어미를 쓰자

● [−으면서]

보도문에서 그 쓰임이 불명확한 연결어미로는 [−으면서]와 [−지만] [−는데]가 있다. [−으면서]는 동시에 일어나는 행위나 서로 맞서는 동작이나 상태를 연결할 때 사용한다. [−으면서도]는 서로 맞서는 동작이나 상태의 의미가 [−도]로 인해 강조된 것이다. 맞서는 관계도 동시에 일어나야 하는 것이므로 [−으면서]는 앞뒤 문장의 행위가 동시에 이루어질 때만 사용될 수 있다.

15-1 고객이 몰릴 땐 수표를 받으면서도 신원을 확인하지 않습니다.

15-2 카드사들은 불법 카드 할인을 받은 회원들의 정보가 유출된 것으로 보인다면서도 피해 규모는 파악조차 못하고 있습니다.

15-3 개화 시기가 다소 늦어지면서 어제부터 드디어 여의도에서도 벚꽃이 피기 시작했는데요.

15-4 강에 적응하지 못하는 자라를 마구잡이로 방생하면서 자라들이 떼죽음을 당해 강바닥에서 썩어가는 등 수중 생태계를 위협하고 있습니다.

15-1, 15-2의 '받으면서도' '보인다면서도'의 [−면서도]는 앞뒤 문장의 의미가 동질적이지 않다. 동질적이지 않은 의미 관계는 서로 맞서는 관계가 아니기 때문에 [−으면서도]를 쓰기 어렵다.

15-1에서 '수표를 받다'와 '신원을 확인하다'는 동시적인 것이지만 서로 맞서는 관계는 아니므로 [−으면서도]보다 [−으면서]가 적당하다. [−도]의 위치가 부적절하게 사용되어서 발생한 잘못으로, '수표를 받으면서 신원도 확인하지 않습니다'나 '신원도 확인하지 않은 채 수표를 받습니다'로 고쳐볼 수 있다.

15-2는 동시적인 것도 아니고 맞서는 관계도 아니므로 [−으면서도]를 쓰기 어렵다. 인용문(카드사의 발표문)과 기자의 말을 무리하게 연결해서 생긴 잘못이다. 수차례 언급하지만 취재원의 발화(말)를 인용할 때에도 전체 문장의 구조에 맞게 원래 말의 형식을 수정해야 한다.

15-2는 '원인은 불법 카드 할인을 받은 회원들의 정보가 유출된 것으로 추정되지만 피해 규모는 아직 파악조차 못하고 있습니다'와 같이 의미 관계를 대등하게 고치고 어미도 [−지만]으로 바꾸는 것이 의미가 더 명료해진다.

15-3, 15-4는 '이유'의 의미로 [−으면서]를 사용한 예다. 동시 발생의 두 사건이 인과 관계를 맺을 때도 있지만 그것은 [−으면서]의 본질적인 기능이

아니라, 상황에 따라 우연히 발생하는 기능이다. 인과 관계를 나타내고자 할 때는 명확한 표현인 [-어서] [-으니까] [-으므로] [-기 때문에] 등을 쓰는 것이 좋다.

이에 따라 15-3은 '올해는 개화 시기가 다소 늦어져 어제부터서야 여의도에서 벚꽃이 피기 시작했습니다' 15-4는 '강에 적응하지 못하는 자라를 마구잡이로 방생했기 때문에 자라들이 떼죽음을 당해 강바닥에서 썩어가는 등 수중 생태계가 위협받고 있습니다'로 고칠 수 있다.

● [-지만]

[-지만]은 의미적으로 상반됨을 보이는 동시에 그 내용이 서로 동질적일 것(서로 관계되는 내용)을 요구한다. [-으면서]와 달리 시간적인 관계는 문제되지 않는다.

> 16-1 감사원은 이 의원이 개입했다는 정황을 찾지 못했다고 밝혔지만 허문석 씨에 대한 검찰 조사가 이뤄져야 명확한 결론이 내려질 수 있습니다.
> 16-2 미처 답을 보지 못해 떨어졌다지만 환불을 요청한 사실이 있었습니다.
> 16-3 A를 10개 이상 받았지만 최하등급 D는 하나도 없었습니다.

16의 [-지만]은 앞뒤 문장이 동질적이지도 않고 상반되지도 않는다. [-지만]과 같은 어미는 앞뒤 문장이 대조될 때 많이 쓰이기 때문에 대조되는 대상에 [-는]이 붙는 일이 많다. 따라서 문장의 동질성은 '대조'의 [-는]을 붙여봄으로써 확인할 수 있다. 16의 예들은 단지 화제를 바꾸기 위해 혹은 두 문장을 연결할 목적으로 [-지만]이 사용된 것으로, [-지만]이 요구하는 의미 관계를 무시한 잘못이다.

16-1에서 '정황을 밝히다'와 '명확한 결론이 내려질 수 있다'는 '이 의원의 개입 여부'라는 동질적인 사건에 대해 기술하는 것이 아니어서 서로 상반되는 관계를 맺지 못하고 있다. '이 의원의 개입에 대해서는 감사원이 정황을 찾지 못했다고 했지만 명확한 결론은 검찰 조사가 이뤄져야 알 것 같습니다'와 같이 동질성을 강조하거나 '감사원은 이 의원이 개입했다는 정황을 찾지 못했다고 밝혔지만 명확한 결론은 허문석 씨에 대한 검찰 조사가 이뤄져야 내려질 수 있습니다'와 같이 대조 관계가 명확하도록 앞뒤 문장을 조정해야 [-지만]을 쓸 수 있다.

16-2도 앞뒤 문장이 전혀 무관해 무슨 의미인지 알기 어렵다. [-지만] 뒤에 상반된 내용의 문장이 무리하게 생략되어 발생한 잘못으로 추정되는데, 그것을 보충하면 '미처 답을 보지 못해 떨어졌지만 학원의 책임도 없지 않아 환불을 요청한 사실이 있었습니다' 정도가 될 것이다.

16-3은 상반되는 관계가 아니라 오히려 보족설명補足說明의 관계다. 'A는 10개 이상 받았고 최하등급 D는 하나도 없었습니다'와 같이 고쳐야 한다.

● [-는데/은데]

[-는데/은데]는 전제되는 어떤 사항이나 상황을 밝히고자 할 때 사용한다. [-는데] 앞의 문장은 뒷문장에 대해 전제 조건이 된다는 의미 관계를 갖는다. 이런 관계로 인해 [-는데]는 화제를 바꾸는 데 많이 쓰이곤 한다.

그런데 대화체 문장에서는 이 기능이 확대되어 [-는데] 등이 말을 계속 연결하고자 할 때 사용되곤 한다. 방송문과 같이 완결된 텍스트를 이루어야 하는 문장에서 단순히 말을 연결하기 위해 [-는데] 등의 연결어미를 사용하는 것은 정확한 정보 전달을 위해 바람직하지 않다. 다음은 그러한 예의 일부다.

17-1 정부가 응급실 운영에 등급을 매겼는데, ○○○ 기자가 보도합니다.

17-2 어제부터 드디어 여의도에서도 벚꽃이 피기 시작했는데요.

17-1은 '매긴 행위'에 대한 결과가 뒤에 와야 한다. '○○○ 기자가 보도합니다'는 전혀 무관한 문장이므로 따로 처리해야 한다. '정부가 응급실 운영에 등급을 매겼습니다. ○○○ 기자가 보도합니다.'

17-2는 뒤에 아무 문장도 없다. 이런 용법은 대화체 문장에서 흔히 볼 수 있다. 뒤에 와야 할 말이 생략된 것이므로 정확한 정보 전달을 위한 문장에 어울리는 표현은 아니다.

이상에서 살펴본 바와 같이 실제 보도문에서는 의미 관계를 무시하고 단순히 두 문장을 연결하기 위해 연결어미가 사용되는 경향이 다수 발견되었다. 이런 쓰임은 일상 회화와 같은 대화체 문장에서는 허용된다. 우리말에 있어 연결어미는 명확한 의미 관계를 가지고 있다. 설명적 문장에서는 연결어미도 중요한 정보 전달 수단이다. 따라서 연결어미의 기능을 숙지하고, 본래의 의미 관계에 맞도록 문장을 조정 배열하는 노력을 게을리 해서는 안 될 것이다.

3
보도문 속의 어휘와 표현

1 뉴스의 성격이 다르면 표현도 달라진다

다음은 교통사고에 대한 스트레이트 기사와 리포트 기사다. 둘 사이에는 많은 차이가 드러난다.

스트레이트 기사
기사 내용	오늘 오전 9시쯤 서울시 강동구 길동 방아사거리 부근에서 신장운수 소속 573번 시내버스가 앞서 달리던 시내버스와 좌석버스를 잇달아 들이받으면서 5중 추돌사고를 냈습니다.
피해 상황	이 사고로 버스운전사 49살 홍국표 씨와 승객 81살 고복순 씨 등 두 명이 숨지고 60여 명이 중경상을 입었습니다.
사고 원인	경찰은 운전사가 졸음 운전을 했거나 브레이크 파열로 사고가 난 것으로 보고 정확한 사고 원인을 조사하고 있습니다.

제목 | 5중 추돌 참사

앵커 | 오늘 아침 서울에서는 출근길 승객을 태운 버스가 과속으로 달리다 5중 추돌사고를 냈습니다. 이 사고로 두 명이 숨지고 60여 명이 중경상을 입었습니다. 취재에 ○○○ 기자입니다.

기자 리포트 | 사고 현장 스케치

한바탕 폭격을 맞은 듯 버스들이 도로에 나뒹굴고 있습니다. 버스 한 대는 아예 인도로 튕겨 나갔습니다. 사고버스는 차륜장치가 버스 바닥을 뚫고 솟구쳐 있습니다. 119 구조대가 찌그러진 버스 창문으로 다친 승객들을 구조해 냅니다. 구조대가 좌석버스의 문짝을 뜯어내자 갇혀 있던 승객들이 안도의 숨을 쉬며 빠져 나옵니다.

목격자 | 사고 개요

버스가 와서 받았어요. '펑' 소리가 나서 와봤는데 버스는 (인도로) 올라가 있고…

기자 리포트 | 사고 개요

사고는, 573번 시내버스가 속도를 줄이던 112번 버스와 정차해 있던 다른 버스를 뒤에서 들이받으면서 일어났습니다.

기자 스탠드업 | 피해 상황

사고를 낸 573번의 앞부분은 이처럼 처참하게 부서지고 말았습니다. 운전사와 운전석 뒤에 있던 승객은 그 자리에서 숨졌습니다. 다친 승객 가운데 20여 명은 중상입니다.

사고 버스 승객 | 사고 원인

원래 거기는 속력이 붙는 곳인데, 갑자기 '쾅' 했어요. 브레이크는 밟지 않았어요.

기자 리포트 | 사고 원인

경찰 조사 결과, 버스는 사고 직전 제동을 하지 않은 것으로 드러났습니다. 경찰은 운전자가 졸다가 브레이크를 밟지 않았을 가능성에 대해 수사하고 있습니다. 이와 함께 버스의 정비 불량으로 브레이크가 작동하지 않았을 수도 있다고 밝혔습니다.

기자 리포트 | 사고 의미

그러나 과속은 언제나 대형 사고로 이어진다는 사실을 다시 한 번 일깨워 준 사고였습니다.

취재 기자 | ○○○ 뉴스 ○○○입니다.

스트레이트 기사와 리포트 기사를 비교해 보면 스트레이트 기사 내용에 사고 현장 스케치와 사고 의미가 덧붙여진 것이 리포트 기사임을 알 수 있다. 문제는 사고 현장 스케치와 사고의 의미(교훈) 같은 부분에서 기자의 주관성이 드러난다는 데 있다.

리포트 기사에 반드시 기자의 주관이 드러나야 한다고 생각한다면 실제로 객관성이 결여된 표현을 지적하는 것은 의미가 없다. 기자의 주관은 소극적으로는 사고 원인에 대한 추론, 사고가 일어난 배경, 사고의 영향 등에서 드러날 뿐 아니라 사고에 대한 기자의 정서적 반응, 정서적 태도 등에서 드러날 것이다. 따라서 기자의 주관이 드러나야 한다는 점을 어떻게 받아들이느냐 하는 부분만 논의의 대상이 될 수 있다.

기자의 주관이 해당 사건과 다른 사건 사이의 관계에 대한 추론, 사건이 미치는 영향과 같은 객관적인 사실, 사건 사이의 관계에 대한 것이라면 보도문의 언어 표현에 대한 문제 제기는 가능하다. 사건에 대한 심층적인 취재의 결과가 기자의 의도와는 달리 정서적인 측면이 부각되어 전달됨으로써 객관성을 잃을 수 있기 때문이다. 따라서 어떻게 객관적인 내용을 효율적으로 전달하느냐 하는 것에 주목해야 할 것이다.

2 어떤 표현이 객관성을 떨어뜨리나

(1) 선정적 표현

잘못된 표현
– 오래된 한옥은 무너져 내린 채 <u>초라한 속</u>을 드러냅니다. – 산속에 지어진 조립식 건물은 <u>폭격을 당한 듯 산산이</u> 부서졌습니다. – 이제 설이 코앞으로 다가오면서 유통업체와 택배회사들의 설 선물 <u>배달 경쟁</u>도 절정으로 치닫고 있습니다. – <u>우리 식탁을 위협하는</u> – <u>이들은 인적이 드문 이곳에 숨어 있다가 아기를 안고 오는 고씨를 차 안에 강제로 밀어 넣었습니다.</u> – <u>이 같은 끔찍한 사연을 알 리 없는 아기</u>는 8달 만에 친아버지의 품에 다시 안겼습니다. – <u>암매장 장소를 찾은 범인이 승용차 트렁크에서 시신을 꺼내 야산 비탈길로 굴려 보냅니다. 땅 속에 묻여진 시신을 삽으로 쳐보기까지 합니다.</u>

바른 표현
– 오래된 한옥은 무너져 내려서 <u>집 안이</u> 드러났습니다. – 산속에 지어진 조립식 건물은 <u>크게</u> 부서졌습니다. – 배달도 더욱 바빠지고 있습니다. – 우리의 건강에 좋지 않은 – <u>이들은 인적이 드문 이곳에 숨어 있다가 아기를 안고 오는 고씨를 차 안에 강제로 태웠습니다(또는 '고씨를 차로 납치했습니다').</u> – <u>아기</u>는 8달 만에 친아버지의 품에 다시 안겼습니다. – 야산에 시신을 몰래 매장했습니다(또는 전체 삭제).

사실을 전달할 때 정서적 반응을 유도하는 표현을 사용함으로써 정확한 사실의 이해를 방해하는 경우가 많다. 선정적 표현을 사용하면 시청자들이 사건을 지나치게 선정적이고 정서적으로 수용하게 되므로 이런 표현을 자제하고 사실을 사실로 제시하는 표현을 사용하도록 한다. 또한 지나치게 세밀하게 사건의 상황을 묘사함으로써 불필요한 정서적 반응을 유발하는 것을 자제한다.

(2) 태도의 직접적 표현

잘못된 표현
- 돌고래 열 마리가 <u>안타깝게도</u> 그물에 걸려
- 오늘 오전 시신이 발견된 야산. 모자와 마스크로 얼굴을 가린 유씨는 <u>내내 고개를 든 채</u> 정면을 응시했습니다. ⋯ 여기서도 유씨는 <u>거리낌 없이</u> 당시 상황을 재연했습니다.
- 11살 난 소녀가 <u>태연하게 살인을 저지른 데</u> 대해 일본 내에서는 인터넷이 어린이들을 충동적으로 만들고 있다는 우려의 목소리가 높아지고 있습니다.
- 정씨는 아기를 낳아 내버린 뒤 <u>태연하게</u> 남자친구와 새벽까지 술을 마신 것으로
- 자살을 하기 위해 엘리베이터를 타고 올라가는 소녀들의 표정은 <u>태연하기만</u> 했습니다.

바른 표현
- 돌고래 열 마리가 그물에 걸려
- 오늘 오전 시신이 발견된 야산. 모자와 마스크로 얼굴을 가린 유씨는 내내 고개를 든 채 정면을 응시했습니다. ⋯ 여기서도 유씨는 당시 상황을 재연했습니다.
- 11살 난 소녀가 살인을 한 데 대해 일본 내에서는 인터넷이 어린이들을 충동적으로 만들고 있다는 우려의 목소리가 높아지고 있습니다.
- 정씨는 아기를 낳아 내버린 뒤 남자친구와 새벽까지 술을 마신 것으로

> – 자살을 하기 위해 엘리베이터를 타고 올라가는 소녀들의 표정이 카메라에 잡혔습니다(또는 전체 삭제).

　기자가 사건에 대한 자신의 정서적 태도를 적극적으로 표현한다. 이런 기사에 대해 의견이 달라질 수도 있으나 사건에 대한 정서적 태도까지 기자가 기사에 표현하는 것은 지나친 개입이라고 할 수 있다.

　특히 범죄자에 대한 적개심이나 분노를 유도하기 위해 사용하는 표현은 관용적이라서 위 기사들에서처럼 '태연하게'와 같은 표현은 범죄자의 행위에 대해서 매우 규칙적으로 사용된다. 사건에 대한 기자의 태도가 지나치게 드러나지 않도록 기사를 작성한다.

(3) 사실을 과장하거나 왜곡한 표현

● 주어진 현상의 강도나 심도를 극단화하는 경우

잘못된 표현
급격하게 줄고, 파격적인 인사 바람, 산더미처럼 쌓였다, 엄청난 부정이 개입, 대일 무역적자 눈덩이, 의료 대란, 거대한 불덩이, 산 같은 파도, 쓰레기 대란, 위생 교육장이 아수라장, 뼈를 깎는, 귀성 전쟁, 벼랑끝 전술

바른 표현
줄고, 인사, 많이 쌓였다, 부정이 개입, 대일 무역적자 늘어남, 의료 문제, 큰 불덩이, 높은 파도, 쓰레기 문제, 위생 교육장의 혼란, 열심히 노력하는, 귀성, 전술

사건의 강도나 심도를 극단화해서 표현하면 이분법적인 구도로 모든 사건을 판단할 가능성이 생긴다. 이것은 기자가 자신의 기사를 더욱 돋보이게 하려는 욕구에서 비롯된 것일 가능성이 큰데, 정확성에 문제가 생길 수도 있다. 사실을 있는 그대로 표현한다. 예를 들어 대일 무역적자 증가, 산 같은 파도는 몇 미터의 파도 등과 같이 사실적으로 표현한다.

● 어떤 사건이나 현상의 급작스러움을 극단적으로 표현하는 경우

잘못된 표현
폭락, 폭등, 급등 44포인트, 인력의 태부족, 날벼락, 청천벽력 같은 소식

바른 표현
몇 포인트 상승, 몇 포인트 하락, 인력의 부족, 갑작스러운 사고, 갑작스러운 소식

여기서도 '폭등'은 '몇 포인트 상승' 등과 같이 표현한다. 다만 그것이 중요한 정보일 경우에는 일정한 기준을 세울 필요가 있다. 주식 시세의 경우에 하루에 몇 포인트 이상 상승하거나 하락하면 폭락이나 폭등과 같은 표현을 사용하는지를 정해 둔다. 기자의 주관적인 느낌으로 폭락과 폭등과 같은 표현을 사용하지 않는다.

● 지나친 요약을 위해 극단적인 성격의 명사를 사용한 표현

잘못된 표현
눈물바다, 눈물과 탄식으로 얼룩진, 폭로전, 정쟁

사건의 성격에 맞게 적절한 단어를 선택한다. 극단적인 성격을 가진 명사의
사용을 자제한다.

●부정확한 표현

잘못된 표현
- 딸기 한 꾸러미에 7000원, 자그마한 수박 한 개에 16000원, 사과 세 개에 8000원, 발길이 가기는 아무래도 어렵습니다(2005년 4월 11일).
- 서울 강남에서 우등생으로 소문난 김중건 학생
- 비교적 교육 환경이 좋다고 평가받는 서울 목동지역 학생들에게도 강남은 여전히 부러움의 대상입니다.
- 강남아파트는 여전히 수요보다 공급이 부족한 상황이어서
- 강남구와 서초구의 명문고교
- 지난 96년 발생한 산불로 여의도 면적의 열 배가 넘는 숲이 한순간에 잿더미로 변한 강원도 고성군 일대.
- 오늘 하루 전국적으로 일어난 산불은 모두 40여 건, 현재까지 파악된 것만 여의도 면적의 4분의 1이 넘는 임야가 소실됐고

바른 표현
- 딸기 한 꾸러미에 7000원, 자그마한 수박 한 개에 16000원, 사과 세 개에 8000원, 발길이 가기는 아무래도 어렵습니다. 작년보다 몇 퍼센트 정도 오른 가격입니다(2005년 4월 11일).

> - <u>서울 강남구의 한 고등학교에서 우등생으로 소문난 김중건 학생</u>
> - 비교적 교육 환경이 좋다고 평가받는 서울 목동지역 학생들에게도 <u>강남구</u>는 여전히 부러움의 대상입니다.
> - <u>강남구나 서초구의 아파트는 여전히 수요보다 공급이 부족한 상황이어서</u>
> - 강남구와 서초구의 <u>일부 고등학교</u>
> - 지난 96년 발생한 산불로 몇 평방킬로미터의 숲이 한순간에 잿더미로 변한 강원도 고성군 일대.
> - 오늘 하루 전국적으로 일어난 산불은 모두 40여 건, 현재까지 파악된 것만 몇 평방킬로미터의 임야가 소실됐고

4월에 수박이 비싼 것은 특이한 것이 아니다. 게다가 사과도 이미 제철이 아니다. 그런데 물가가 비싼 것을 보도하기 위해 제철 과일이 아닌 수박이나 사과와 같이 가격이 높은 과일을 포함시켜 놓았다. 물론 지난해에 비해 값이 많이 오른 경우에는 포함할 수 있지만 기사 어디에도 그러한 설명이 없다.

강남이 정확하게 어디까지인지 명확하지 않다. 한강의 남쪽이라고 주로 사용되었으나 지금은 그 일부 지역을 가리키기도 한다. 그러므로 '강남'이라는 단어 사용에 주의할 필요가 있다. 정확한 행정 구역 명칭을 사용하는 것이 정확한 이해에 도움이 될 것이다. 명문고교가 어디인지도 명확하지 않다. 그리고 그러한 명문고교의 기준도 애매하다.

여의도 면적이 면적의 기준이 될 수 있는지 확실하지 않다. 여의도 면적을 아는 사람은 서울에 거주하면서 여의도에 자주 드나드는 사람들일 텐데 그렇지 않은 사람들한테는 알 수 없는 기준이 된다. 이는 서울 중심의 사고 표현이라고 생각할 수도 있다.

정확하게 사실을 확인하고 표현한다. 물가가 오른 경우와 같이 통계가 필요한 경우에는 정확한 비교 자료를 제시할 수 있어야 할 것이다. 지역의 이름

인 경우에 일상적인 용법에 지나치게 의존해 불명확하게 지명을 사용해서는
안 된다.

3 뉴스의 지칭 표현은 잘 골라 써야 한다

(1) 계층에 따른 구별 – 공직자나 힘을 가진 계층과 일반인의 구별

자주 쓰이는 표현
– 공직자(정치인) : 성 · 이름+직함, 성+직함 　예 : 한덕수 부총리, 홍석현 대사, 고 정주영 현대회장, 홍석조 광주고검장, 정동영 통일부 　장관, 노무현 대통령, 문희상 열린우리당 의장, 김세호 건설교통부 차관, 김종빈 검찰총장, 　이종백 서울 중앙지검장, 열린우리당 정호준 후보, 아버지 정대철 의원, 정대철 전의원, 최 　돈웅 전의원, 박명환 전의원, 김대중 전 대통령, 오정희 사무총장, 신광순 철도공사 사장 – 일반인: (직업) 성 · 이름+씨, 성+씨, 성 · 이름+직업, 성+직업 　예 : 김행균 씨, 시다라 마사오 씨, 회사원 김모 씨, 유조차 기사 38살 고모 씨

권장하는 표현
– 공직자, 정치인 등: 성 · 이름+직함, 성+직함 　예 : 노무현 대통령, 노 대통령 – 일반인: (직업, 나이, 국적)+성 · 이름+씨 　예 : 회사원 김행균 씨, 김행균 씨는

일반인과 공직자, 정치인을 구별해 지칭에 반영하는 것은 차별이라고 할 수

있다. 그러나 이러한 지칭의 관행을 완전히 무시하기는 어렵다. 예를 들어 대통령 노무현 씨는 대부분의 시청자에게 거부감을 줄 수 있다. 그러므로 지칭의 관행을 최대한 고려해 표현을 정한다. 일반적인 지칭 관행에서 '성+씨'는 상당한 거부감을 불러일으킬 수 있으므로 특별한 경우가 아니면 한 번 이상 보도문에 쓰여 반복되더라도 '성·이름+씨'를 계속 사용한다.

(2) 나이에 따른 구별

자주 쓰이는 표현
– 성인: 성·이름+직함, 성·이름+씨
– 미성년자: 성·이름+군, 성·이름+양
– 노인: 성·이름+씨, 성·이름+할아버지(할머니)
– 유아: 이름

권장하는 표현
– 성인: 성·이름+직함, 성·이름+씨
– 미성년자: 성·이름+군, 성·이름+양
– 노인: 성·이름+씨, 성·이름+할아버지(할머니)
– 유아: 이름

미성년자에게 '씨'를 사용하는 것은 언어적 관행에 비추어 보면 어색하다. 따라서 남자는 '군', 여자는 '양'을 사용한다. 다만 성년의 젊은 여자를 지칭할 때 '양'을 사용하는 것은 형평의 문제가 있을 수 있으므로 미성년자에게만 '양'을 사용한다.

노인의 경우에는 '할아버지'나 '할머니'를 사용하기도 하지만 보도문의 종류에 따라 다를 것이다. 일반적인 경우에는 성인의 경우에 준해 '씨'를 사용하겠지만 미담 기사와 같은 경우에는 '할아버지' '할머니'도 허용하는 것이 필요하다.

유아의 경우에는 '군'이나 '양'이 어색한 경우가 있으며 특별히 이름을 밝히지 않는 경우가 많다. 따라서 이름을 밝힐 필요가 있을 경우에는 이름만으로 지칭한다.

(3) 성별에 따른 구별

자주 쓰이는 표현
－ 성인 남자: 성·이름＋씨(직함)
－ 성인 여자: 성·이름＋씨(직함), 성·이름＋여인, 성·이름＋양

권장하는 표현
－ 성인 남자: 성·이름＋씨(직함)
－ 성인 여자: 성·이름＋씨(직함)

성인 남자의 경우에는 직함과 '씨'를 사용하는데 성인 여자의 경우에는 그 외에 '여인' '양'을 사용하기도 한다. 특히 '여인'은 보도문 외에는 거의 이러한 용법으로 쓰이는 일이 없다. 따라서 언어적 관행을 고려하고 형평성 문제까지 고려한다면 보도문에서 사용하지 말아야 할 것이다. '양' 역시 형평성의 문제를 고려한다면 미성년자에게만 사용해야 할 것이다. 다른 연령대의 경우에는 나이에 따른 기준을 적용한다.

(4) 국적에 따른 구별

자주 쓰이는 표현
– 내국인: 성·이름+직함, 성·이름+씨 – 외국인: 성·이름+직함, 성+직함, 성·이름+씨, 성+씨

권장하는 표현
– 내국인: 성·이름+직함, 성·이름+씨 – 외국인: 성·이름+직함, 성·이름+씨

외국인을 지칭할 때는 처음 지칭하는데도 '성+직함(씨)'을 사용하는 예가 있다. 이것은 서양인의 경우에 자주 나타난다. 중국인의 경우에는 '성·이름+직함(씨)'을 주로 사용한다. 내국인과 외국인을 구별하고 중국인과 다른 나라 사람을 구별할 필요는 없을 것이다. 보도문의 처음에 나온 지칭에서는 '성·이름+직함(씨)'과 같이 내국인의 지칭 표현을 그대로 사용한다.

(5) 범죄자의 지칭

자주 쓰이는 표현
신창원은, 유영철은

권장하는 표현
범죄자의 경우: 성·이름+씨

범죄자는 시청자들이 미워하는 대상이며 이를 반영해 '씨'를 붙이지 않는 경우도 있다. 그러나 범죄자라 하더라도 최소한의 인권을 존중해야 하며 특히 용의자는 유죄가 확정된 상태가 아니므로 구별해서 지칭을 사용하는 것은 문제가 된다.

(6) 지명 표현

자주 쓰이는 표현
- 전국사무금융노련은 오늘 오후 여의도 금융감독원 앞에서 집회를 갖고 동방금고 불법대출 사건과 관련해 금융감독원을 비난하며 진실을 규명하라고 촉구했습니다. - 지난 12일 민주노총의 대학로 집회에 이어 오늘 한국노총이 여의도에서 대규모 노동자대회를 열었습니다. - 진씨는 자신은 정현준과 같이 사설 펀드를 조성하지 않아 개인 투자자들에게 피해를 주지 않았으며 여의도 쌍마빌딩을 비롯해 2천억 원의 자산을 갖고 있어 돈을 갚을 수 있다고 주장했습니다. - 정현준 씨가 한국디지탈라인을 키울 수 있었던 종자돈은 명동 뒷골목의 사채였습니다.

권장하는 표현
- 전국사무금융노련은 오늘 오후 서울 영등포구 여의도 금융감독원 앞에서 집회를 갖고 동방금고 불법대출 사건과 관련해 금융감독원을 비난하며 진실을 규명하라고 촉구했습니다. - 지난 12일 민주노총의 대학로 집회에 이어 오늘 한국노총이 서울시 영등포구 여의도에서 대규모 노동자대회를 열었습니다. - 진씨는 자신은 정현준과 같이 사설 펀드를 조성하지 않아 개인 투자자들에게 피해를 주지 않았으며 서울시 영등포구 여의도 쌍마빌딩을 비롯해 2천억 원의 자산을 갖고 있어 돈을 갚을 수 있다고 주장했습니다.

> – 정현준 씨가 한국디지탈라인을 키울 수 있었던 종자돈은 서울시 중구 명동 뒷골목의 사채였습니다.

여의도나 명동에 대해 전국의 시청자가 다 아는 것은 아니다. 보도문과 관련된 지역 가운데 서울이 차지하는 비중은 매우 크다. 이는 서울이 여러 가지로 중심적인 위치를 차지하기 때문일 것이다. 보도의 내용에서는 정치나 경제의 중심인 서울이 많이 다루어지더라도 보도문의 표현에서는 그러한 편향성이 두드러지지 않도록 하는 것이 필요하다. 어떤 지역이든 정확한 지명을 밝힌다.

(7) 반복되는 사항도 다양하게 표현하자

사례
1-1 강만길 광복 60주년 기념사업 추진위원장이 <u>김일성 전 북한 주석</u>의 항일 빨치산 활동도 독립 운동이라고 말해 논란이 일고 있습니다. (…) 역사학자 강만길 광복 60주년 기념사업 추진위원장은 오늘 <u>북한 김일성 전 주석</u>의 항일 운동도 독립 운동으로 봐야 한다고 밝혔습니다.
1-2 미국의 시사주간지 타임이 선정한 세계에서 가장 영향력 있는 100인에 <u>이건희 삼성회장</u>과 북한 김정일 국방위원장이 포함됐습니다. (…) <u>삼성의 이건희 회장</u>은 기업가와 거물 부문에서 올해의 100인에 올랐습니다.

지침
강만길 광복 60주년 기념사업 추진위원장 ➡ 강만길 위원장
김우중 전 회장 ➡ 김 전 회장
김일성 전 북한 주석 ➡ 김일성 전 주석, 김 전 주석

일정한 지칭 대상이 반복될 경우에는 동일한 지칭 표현을 사용하거나 일정한 형식의 줄인 표현을 사용한다. 처음에는 '성·이름+직함'을 쓰고 그 후에는 '성+직함'을 쓰는 것이 대표적이다. 그런데 이러한 표현이 뒤섞여 나타나면 혼란스럽게 느껴진다. '김일성 전 북한 주석'을 처음에 사용했으면 김 전 주석과 같은 줄인 표현은 자연스럽지만 '북한 김일성 전 주석'은 부자연스럽다.

사례

2-1 **앵커멘트** | 우리 젊은 과학자들에게 박수를 보냅니다. 암세포가 몸 속 다른 기관으로 퍼져나가는 '암 전이'를 억제하는 유전자가 국내 연구진에 의해 최초로 규명됐습니다. (중략)

기자 멘트 | 서울대학교 생명공학부 백성희 교수팀이 실험용 쥐를 놓고 cg)한쪽에는 전립선 암세포를 주사하고, 다른 쪽에는 암세포와 함께 카이원 유전자를 함께 주사해 봤습니다.

2-2 - 다음날 기사 -

앵커멘트 | 세계 최초로 암 전이세포를 규명한 서울대 젊은 여교수의 개가, 어제 보도해 드렸는데 연구 결과도 대단하지만 이 교수가 열악한 연구 환경을 극복한 과정 또한 격려와 큰 박수 받을 만합니다. (중략)

기자 멘트 | 백 교수의 행보는 그야말로 파죽지세였지만 그 과정은 가시밭길이었습니다. 연구비가 없어 전전긍긍해야하는 열악한 여건은 처음부터 백 교수를 좌절시켰습니다.

2-2에서 교수의 이름이 앵커멘트나 기사에 등장하지 않고 인터뷰 시 자막으로 등장한다. 날짜가 달라져도 같은 대상에 대한 텍스트는 하나의 텍스트로 처리하고 있는 태도를 보이고 있는 것이다. 그러나 이 경우 기사의 테마가 되는 중요한 인물이고, 시청자가 전날 기사 속의 인물 이름을 기억하고 있을 가

능성이 적으므로 이름을 언급해야 한다.

보도문은 하루에 일어난 기사를 보도하는 것으로, 그 시간상의 최대 단위는 하루가 되어야 한다. 전날 보도된 기사와 연결된 내용이라 하더라도 해당 기사에 처음 등장하면 인물을 다시 명확하게 소개한다.

4 기사 내용을 어떻게 배열하나

(1) 뉴스의 초점에 맞춘 배열

대정부 질문 (통일 외교 안보)
기자 멘트 ┃ 노무현 대통령의 '동북아 균형자론'에 대해 야당 의원들과 정부의 시각이 크게 엇갈렸습니다.　　　　　　① ◀INT▶ **이성권(한나라당)** ┃ 우리가 열강들 속에서 균형자 역할을 할 수 있다고 생각하나?　　② ◀INT▶ **정동영** ┃ 평화의 균형자 자임, 평화와 협력의 질서 유지? 신냉전 도래? 주체적으로 만들어 가겠다는 것　　　　　　③ **기자 멘트** ┃ 열린우리당 의원들은 특사 파견 등 중단된 남북 당국 간 대화 재개를 위한 정부의 주도적 노력을 주문했습니다. ◀INT▶ **임종석(열린우리당)** ┃ 남북관계 우리의 주도적 역할 필요하다.　　④ **기자 멘트** ┃ 반면 한나라당 의원들은 북한 인권문제에 정부가 입장을 밝힐 것을 요구했습니다. ◀INT▶ **공성진(한나라당)** ┃ 북한 인권문제에 침묵하지 말라.　　⑤

> **기자 멘트** | 이해찬 총리는 일본 극우 단체의 망언을 강도 높게 비난했습니다.
>
> **◀INT▶**
>
> **이해찬** | 서양말 중에 개가 짖으면 내버려 두라고 한다.　　　　　　　　　　　⑥
>
> **기자 멘트** | 일부 의원들은 핵 문제와 관련해 이른바 '한반도 6월 위기설' 이 떠돌고 있다며
>
> 대책을 따졌지만, 정부는 근거 없는 추론이라고 일축했습니다.　　　　　　　　⑦
>
> MBC 뉴스 ○○○입니다.

　　사안 1　① 요약 제시
　　　　　　② 입장 갑
　　　　　　③ 입장 을
　　사안 2　④ 입장 병
　　　　　　⑤ 입장 갑
　　사안 3　⑥ 입장 병
　　사안 4　⑦ 입장 대립

　　크게 세 집단의 입장이 제시되어 있는 기사다. 한나라당(야당), 열린우리당 (여당), 그리고 정부다. 물론 국회의 모습을 보이는 데에 기사의 목적이 있다고 볼 수도 있지만, 뉴스의 가장 중요한 기능인 정보 전달 기능을 고려할 때 세 집단의 입장, 여러 개의 사안에 대해 깔끔하게 정리해 제시하는 것이 중요할 것으로 보인다.

　　사안 1(①, ②)과 달리 사안 2는 북한 문제에 관한 것은 같지만 초점이 다르다. 그러나 '반면' 이라는 용어를 사용해 서로 대립되는 의견을 표명한 것으로 읽힐 가능성이 있다. 물론 이 경우의 '반면' 은 서로 다른 것을 주장했다는 점을 부각시키기 위해 사용된 것이지만, 사안 1에서 서로 대립된 의견이 제시되

어 있고, 사안 2도 대립된 의견인 것처럼 읽힐 수 있으므로 조심해야 한다.

뉴스의 중심 목적이 동북아 균형자론에 대한 대립된 입장을 설명하는 것인지(①), 아니면 여러 가지 의견이 많았던 국회의 대정부 질문 모습을 보이기 위한 것인지 분명치 않다. 전자의 경우라면 좀더 세밀하게 입장 차이를 설명해야 하며, 후자라면 앵커멘트나 본문의 도입부에 이러한 사실을 요약적으로 제시하는 것이 좋을 듯하다.

뉴스의 초점에 맞추어 기사의 내용을 배열한다. 스케치 기사의 경우라도 비슷한 내용을 함께 묶어서 제시하면 시청자들이 더 쉽게 기사 내용을 이해할 수 있을 것이다.

(2) 주장에는 논거가 따라야 한다

<table>
<tr><td colspan="2" align="center">**김우중과 대우 커넥션**</td></tr>
<tr><td colspan="2">**기자 멘트** |</td></tr>
<tr><td colspan="2">◀VCR▶ 김우중 전 회장은 지난주 말 호치민 호텔에 투숙하면서 실명과 구체적인 회사 이름을 기재했습니다.</td></tr>
<tr><td colspan="2">◀SYN▶</td></tr>
<tr><td colspan="2">**호텔 직원** | 대우하넬코퍼레이션의 김우중 씨로 돼있네요.</td></tr>
<tr><td colspan="2">**기자** | 뭐라구요?</td></tr>
<tr><td colspan="2">**호텔 직원** | 대우하넬코퍼레이션입니다.</td></tr>
<tr><td colspan="2">**기자** | 철자가 어떻게 되나요?</td></tr>
<tr><td>**호텔 직원** | H-A-N-E-L</td><td align="right">①</td></tr>
<tr><td>**기자** | '대우하넬'은 대우건설이 60퍼센트의 지분을 가진 현지 법인입니다. 이 업체의 사장은 이모 씨, 대우건설의 하노이 지사장이기도 합니다. 대우건설 부사장 출신인 이씨는 지난 96년 김우중 전 회장과 함께 하노이 신도시 개발계획을 만들었으며 지난해 하노이 지사장으로 부임했습니다.</td><td align="right">②</td></tr>
</table>

지금 베트남은 최대 300억 달러 규모의 하노이 신도시 개발계획을 놓고 각국 업체들이 치열한 수주전을 펴고 있습니다. 대우건설도 치열한 경쟁을 벌이고 있는데 김우중 회장은 수주 경쟁의 당사자인 대우하넬의 이름을 소속 회사로 밝힌 셈입니다.　　　　③

따라서 김우중 전 회장이 과거 대우 인맥을 가동해 베트남 신도시 사업을 통해 재기를 노린다는 분석에 무게가 실리고 있습니다.　　　　④

이씨는 그러나 김 전 회장과의 관련 사실을 부인했습니다.

◀SYN▶

기자 | 대우하넬로 체크인 됐던데요?

대우하넬 사장 이모 씨 | 하하 그래요? 대우하넬과는 전혀 무관한 일입니다. 저는 뵌 적이 없구요, 오셨다는 것도 신문 보고 알았습니다.　　　　⑤

기자 멘트 | 대우건설 측도 김 회장과의 관련 가능성을 일축했습니다.

◀SYN▶

대우건설 관계자 | 그 양반이 나서서 될 일도 아니고, 아무런 관련도 없다.　　　　⑥

기자 멘트 | 관련자들의 일관된 부인에도 불구하고, 김우중 회장의 움직임은 다른 상황을 시사하고 있습니다.　　　　⑦

---

① 논거 1(사건)

② 논거 2(배경)

③ 논거 3(배경)

④ 주장 1

⑤ 반대 논거 1

⑥ 반대 논거 2

⑦ 결론−주장 1

　　논거 1, 2, 3(①, ②, ③)을 이용, 귀납적으로 주장(④)을 도출해내고 있다. 이어서 이에 대한 반대 논거(당사자들의 부인, ⑤, ⑥)가 제시되어 앞의 주장(④)이 확

실한 명제로 자리 잡는 것을 보류하게 한다. 그러나 ⑦에서 앞의 반대 논거가 무시된 채로 앞의 주장을 옹호하는 결론을 내리고 있어서 논리적이지 못하다. 물론 당사자들의 말을 그대로 믿을 수 없다는 전제를 이용한 분석이겠지만, 그렇다면 ⑤, ⑥과 같은 내용이 애초에 전달될 필요가 없는 것이다.

내용을 그대로 살리고 논리적으로 흐름이 자연스러운 기사가 되려면, ①의 사건을 제시한 후 ⑤, ⑥을 제시하고, 그럼에도 불구하고 ②, ③이라는 논거가 있음을 제시하며 주장을 전개하는 것이 좋을 것이다.

5부

인터뷰,
이렇게 활용한다

1
인터뷰에는 고유의 역할이 있다

　인터뷰란 '기자가 기사에 필요한 재료나 제재題材를 얻기 위해 취재원(취재 대상이 되는 사람)과 만나서 이야기를 직접 듣거나 서로 이야기를 나누는 일'을 뜻한다. '회견會見' '면접面接' 등의 뜻으로 서로 만나서 이야기하는 행위 자체를 가리킨다. 그러나 방송 뉴스에서는 인터뷰한 결과로서 기사의 일부로 쓰이는, 취재원이 밝힌 의견이나 견해를 뜻한다.

　이러한 인터뷰는 방송 뉴스에서 아주 중요하다. 미국의 언론학자 존 브래디 John Brady는 그의 저서 『인터뷰 기법The Craft of Interviewing』에서 "오늘날 저널리즘에서 가장 생생하고 역사적인 사실들은 인터뷰로 얻어진다"(『디지털 시대의 텔레비전 보도 문장론』(이충환, 2000, 나남)에서 재인용함)고 하기도 했다. 실제로도 인터뷰 없는 방송 뉴스는 거의 찾아보기 힘들 정도다.

　인터뷰에서는 당사자(또는 관계자)가 직접 어떤 사태나 상태에 대해 자신의 의견이나 견해를 주장하거나 진술한다. 기자는 이러한 인터뷰를 통해 기사에 필요한 재료나 제재 등의 정보를 확인한다. 인터뷰는 정보를 얻는 수단이 되는 것이다. 특히, 기자가 직접 확인하지 못한 사태나 상태에 대한 정보를 얻는 데 아주 유용하다. 즉, 인터뷰로 기사 내용의 사실성이 입증된다. 결과적으로 기사에 대한 신뢰도를 높여 주기도 한다.

　전문가의 해설이나 설명이 필요할 때에도 인터뷰가 이용된다. 방송은 여러 지역의 불특정 다수에게 일방적으로 다량의 정보를 제공해 준다는 면에서 광

역성廣域性, 공공성公共性, 일방성一方性, 동시성同時性 등의 특징을 지닌다. 특히 여러 지역의 불특정 다수, 즉 한 개인이나 단체가 아닌 일반 사회 구성원 전체를 대상으로 하기 때문에 방송은 인간의 존엄성을 존중하고 국민의 기본권을 보장할 뿐 아니라 민족 문화의 창달에 이바지해야 하는 등의 공적 책임이 있다.

그렇기 때문에 방송은 공공성 향상을 위해 객관성과 중립성을 유지해야 하며 방송 뉴스는 더욱더 그러하다. 그런 면에서 어떤 일이나 문제의 내용에 대한 취재원의 전문적인 해설이나 설명을 담은 인터뷰는 방송 뉴스의 객관성과 중립성을 유지해 주는 데 커다란 역할을 하기도 한다.

그리고 인터뷰는 어떤 사건이나 사고 현장의 생생한 분위기를 그대로 전해주는 역할도 한다. 자기가 몸소 겪은 사건이나 사고를 직접 증언하는 취재원의 한마디 인터뷰가 기자 멘트보다 강렬한 인상을 심어 줄 때가 있다. 취재원이 자신의 체험을 있는 그대로 전달했기 때문이다. 이러한 현장성은 방송 뉴스의 생명이기도 하다.

1 인터뷰의 네 가지 요건

인터뷰가 기본적으로 갖추어야 하는 요건은 직접성, 객관성 · 중립성, 현장성, 진실성의 네 가지다.

(1) 직접성
인터뷰는 기사에서 재료나 제재題材 등으로 쓰인다. 기자가 직접 확인하지 못한 사태나 상태에 대한 정보를 제공하기 위해 사용한다. 기사 내용의 사실성을 입증하기 위해 인터뷰를 사용하는 것이다. 또는 기자가 어떤 사태나 상태에 대해 직접 설명하면 사실성이나 신뢰도가 떨어진다고 생각할 때 인터뷰를 사용한다. 사실성을 입증하거나 신뢰도를 높이기 위해서다.

이렇듯 기사의 사실성·신뢰도를 위한 인터뷰는 어떤 사태나 상태에 직접 관계가 없거나 관계하는 사람이 직접 하는 주장이나 진술일 필요가 있다. 간혹 어쩔 수 없이 직접 관계가 없거나 관계하지 않은 사람의 인터뷰를 활용해야 하는 경우가 생기기도 하는데 이때는 각별한 주의가 필요하다.

(2) 객관성·중립성

인터뷰의 내용은 공정하고 책임질 수 있는 것이어야 한다. 이는 방송의 공공성을 위해서도 필수 요건에 해당한다. 특히, 전문가를 대상으로 한 인터뷰에서 그렇다. 전문가의 전문적이고 학술적인 해설이나 설명은 어느 한쪽으로 치우지지 않은 것이어야 한다. 대립하는 관점이 있을 수 있는 일이나 문제에 대한 것이라면 더욱 그렇다. 객관성·중립성을 갖춘 인터뷰만이 기사에 대한 신뢰도를 높일 수 있다.

(3) 현장성

인터뷰는 때론 어떤 사건이나 사고 현장의 분위기를 자연스럽게 보여 주는 역할도 한다. 시청자에게 어떤 사건이나 사고 현장의 분위기를 그대로 느낄 수 있도록 해 주는 것이다. 그러려면 어떤 사건이나 사고를 몸소 겪은 사람이 자신의 체험을 있는 그대로 이야기하는 인터뷰여야 한다.

(4) 진실성

어떠한 인터뷰든지 간에 인터뷰는 기본적으로 인터뷰 대상자의 진실되고 사실적인 말을 담아야 한다. 어떤 사태나 상태에 직접 관계가 있거나 관계하는 사람의 주장·진술이든, 어떤 분야에 상당한 지식과 경험을 가진 사람의 해설 · 설명이든, 어떤 사건이나 사고를 몸소 겪은 사람의 체험이든 특별한 경우가 아닌 한 그 내용에 거짓이 없어야 한다. 그래야 인터뷰에 대한 신뢰도가 높아지고 나아가 기사에 대한 신뢰도가 높아진다.

2 인터뷰의 종류

인터뷰는 인터뷰 대상자(취재원)에 따라 크게 당사자(또는 관계자) 인터뷰, 전문가 인터뷰, 체험자 인터뷰 이렇게 세 가지 종류로 나눌 수 있다.

당사자(또는 관계자) 인터뷰는 어떤 사태나 상태에 직접 관계가 있거나 관계한 사람이 자신의 의견이나 견해를 직접 주장하거나 진술하는 것이며 전문가 인터뷰는 어떤 분야에 상당한 지식과 경험을 가진 사람이 어떤 일이나 문제의 내용에 대하여 해설하거나 설명하는 인터뷰다. 그리고 체험자 인터뷰는 어떤 사건이나 사고를 몸소 겪은 사람이 자신의 체험을 이야기하는 것이다.

이들 각각의 인터뷰는 앞에서 이야기한 인터뷰의 요건을 두루 갖추어야 한다. 그래야 인터뷰 고유의 역할을 제대로 수행할 수 있다. 그러나 인터뷰 종류에 따라 강조되는 인터뷰의 요건은 조금씩 다르다. 예를 들어 당사자(또는 관계자) 인터뷰에서는 직접성이, 전문가 인터뷰에서는 객관성 · 중립성이, 체험자 인터뷰에서는 현장성이 좀더 강조된다.

인터뷰의 요건 가운데 진실성은 세 가지 종류의 인터뷰 모두에서 중요하다. 그런데 현행 인터뷰에서는 이러한 인터뷰 종류에 따른 인터뷰 요건이 잘 지켜지지 않고 있어 문제가 되고 있다. 이제부터는 인터뷰를 어떻게 활용하는 것이 좋은지 인터뷰 종류에 따라 현행 인터뷰의 실제를 검토해 보기로 한다.

⑴ 당사자(또는 관계자) 인터뷰

● 적절한 인터뷰

한일 협정 옹호

기자 | 이태식 외교부 차관은 오늘 한일 협정은 당시 기준으로 볼 때 불가피했으며 최근 일본의 역사 왜곡도 한일 협정 때문에 빚어진 일이 아니라고 말했습니다.

이태식 차관(외교통상부) | 그때 당시의 협정이 잘못되었기 때문에 지금과 같은 상황이 왔다고 말씀하시는 데 대해서는 동의하지 않습니다.

(MBC, 2005. 4. 12)

'균형자론' 공방

기자 | 노무현 대통령의 동북아 균형자론에 대해 야당 의원들과 정부의 시각이 크게 엇갈렸습니다.

이성권 의원(한나라당) | 동북아 안에서 어떤 열강들이 있는가를 보고 그 속에서 힘의 관계를 판단해야 됩니다. 그렇지 않습니까?

정동영 장관(통일부) | 그러나 힘에는 여러 가지가 있습니다. 경제력도 중요하고 문화력도 중요하고 매력도 중요합니다.

(MBC, 2005. 4. 12)

위의 두 기사에서는 적절하게 인터뷰를 사용하고 있다. 인터뷰가 기사화하는 사건에 대해 직접적인 관련이 있는 사람이 자신의 의견이나 견해를 직접 주장하거나 진술하는 내용을 담고 있는 것이다. 기자의 멘트와 인터뷰의 내용이 서로 일치해 그 흐름도 자연스럽다. 특히, 두 번째 기사에서는 기자의 멘트처럼 노무현 대통령의 동북아 균형자론에 대해 서로 엇갈리는 야당 의원들과 정부의 시각을 인터뷰를 통해 차례대로 자연스럽게 보여 주고 있다.

●부적절한 인터뷰

북한에도 쓴소리

기자 | 노무현 대통령이 남북 관계에서도 원칙을 지켜야 하며 때로는 북한에게 얼굴을 붉힐 때도 있어야 한다고 말했습니다. 특히, 북핵 문제와 관련해 북한이 한국을 전적으로 무시하고 있다면서 북한이 요구하는 대로 일방적으로 끌려가서는 안 된다고 말했습니다.

노무현 대통령 | 북한 핵 문제는 북한으로서는 우리 한국 정부를 거의 당사자로 인정하지 않는데 실제로 그럼에도 불구하고 우리는 그것을 참아 내고 있습니다.　　　(MBC, 2005. 4. 11)

위의 기사에서는 인터뷰를 부적절하게 사용하고 있다. 기자의 멘트와 관련해 당사자의 인터뷰를 사용하고 있으나 기자의 멘트와 인터뷰의 내용이 전혀 다르다. 기자의 멘트와 관련해서 볼 때 노무현 대통령이 "남북 관계에서도 원칙을 지켜야 하며 때로는 북한에게 얼굴을 붉힐 때도 있어야 한다"라거나 "북한이 요구하는 대로 일방적으로 끌려가서는 안 된다"라고 직접 주장하거나 진술하는 내용의 인터뷰를 사용해야 한다.

그런데 위의 기사에서는 그런 내용과는 별로 관련이 없는 인터뷰를 사용하고 있다. 기사의 제목인 '북한에도 쓴소리'와도 다소 거리가 있는 인터뷰다. 다른 방송사의 동일한 기사와 비교해 보면 이 기사에서 어떻게 인터뷰를 부적절하게 사용하고 있는지 더욱 분명하게 알 수 있다. 다른 방송사에서는 다음의 예처럼 기자의 멘트와 걸맞은 인터뷰를 사용하고 있다.

북한에도 쓴소리

기자 | 노무현 대통령이 독일 분단과 통일의 상징인 브란덴부르크 문을 찾았습니다. 당초 한반도 평화 비전 발표를 준비했으나 방문 자체로도 의미가 크다는 판단에 따라 특별한 연설은 없었습니다. 노 대통령은 대신 이에 앞서 가진 동포 간담회에서 북핵과 남북 관계를 둘러싼 북한

의 태도에 대해 분명한 입장을 밝혔습니다.

노무현 대통령 | 때로는 남북 관계에서도 쓴소리를 하고 얼굴을 붉힐 때는 붉혀야 하고 또 그 밖에 다른 이웃 나라들과의 사이에서도 쓴소리 하고 얼굴을 붉힐 때는 붉혀야 합니다.

(KBS, 2005. 4. 11)

"北에도 쓴소리 한다"

기자 | 전 세계 유일한 분단 국가의 대통령에게 역사의 현장은 남달랐습니다. 이에 앞서 현지 동포들을 만난 자리에서는 북한을 강한 어조로 비판했습니다.

노무현 대통령 | 때로는 남북 관계에서도 쓴소리를 하고 얼굴을 붉힐 때는 붉혀야 하고 또 그 밖에 다른 이웃 나라들과의 사이에서도 쓴소리 하고 얼굴을 붉힐 때는 붉혀야 합니다.

(SBS, 2005. 4. 11)

(2) 전문가 인터뷰

● 적절한 인터뷰

'천식 3배' 악화

기자 | 가천 의대 연구팀이 최근 69명의 천식 환자를 3개월 동안 조사한 결과 황사가 심한 날에는 천식 증상이 최고 3배나 나빠지는 것으로 나타났습니다. 즉, 황사 먼지가 기도를 자극해 호흡 곤란이 심해지면서 수면 장애와 천식 발작이 급증했습니다.

박정웅 교수(가천의대 길병원) | 이런 미세 먼지가 기도에 들어와서 기도를 자극하고 거기에 따른 염증이 증가되고 활성 산소층의 증가로 인해서….

(MBC, 2005. 4. 11)

위의 기사에서는 전문가 인터뷰를 적절하게 사용하고 있다. 인터뷰가 '천식'을 전문으로 하는 의사가 천식 발생의 원인에 대해 전문적으로 해설하거나 설명하는 내용을 담고 있는 것이다. 게다가 기자의 멘트와 인터뷰의 내용이 서로 일치해 그 흐름이 자연스럽다. 전문가 인터뷰의 전형적인 예다.

●부적절한 인터뷰

방생 자라 떼죽음
기자 | 자라들을 땅 위에 꺼내놓자 심한 악취가 진동합니다.
김재석(환경 운동가) | 엄청나게 많습니다. 이루 셀 수 없어요. 이게 다 죽은 것들이…
(KBS, 2005. 4. 11)

위의 기사에서는 인터뷰를 부적절하게 사용하고 있다. 전문가 인터뷰는 어떤 분야에 상당한 지식과 경험을 가진 사람이 어떤 일이나 문제의 내용에 대해 전문적으로 해설하거나 설명하는 내용을 담고 있어야 한다. 그런데 위의 기사에 사용한 인터뷰는 전문적인 해설이나 설명을 담고 있는 것으로 볼 수 없다. 군이 인터뷰를 사용할 거라면 여기에선 체험자 인터뷰가 자연스럽다. 기자의 멘트와 인터뷰의 내용이 서로 일치하지 않아 그 흐름도 부자연스럽다.

(3) 체험자 인터뷰

●적절한 인터뷰

고1 내신 비상
기자 | 고등학교에 진학한 뒤 처음 치르는 시험. 대학 입시에 영향을 미치는 시험은 부담입니다. **박준석(강서고 1학년)** | 4~5시간밖에 안 자면서 학교 시험을, 내신 따려고, 1등급 받기 위해 열심히 공부하는 거예요. **기자** | 고등학교 1학년은 학교 수업 분위기도 달라졌습니다. 중간고사가 20여 일 앞으로 다가오면서 졸기는커녕 선생님 말 한 마디까지 옮겨 적느라 정신이 없습니다. **김유리(배화여고 1학년)** | 내신이 중요하니까 얘들이 그만큼 내신을 잘 따려고 수업시간에 딴 짓 안 하고, 집중 되게 열심히 하고… (MBC, 2005. 4. 11)

위의 기사에서는 대학 입시에 부담을 느끼고 있고, 내신 성적을 올리기 위해 수업을 열심히 듣고 있는 학생들의 인터뷰를 적절하게 사용하고 있다. 이른바 체험자 인터뷰다. 고1 학생들이 첫 중간고사를 치르는 학교 분위기를 비교적 생생하게 전해 주고 있다.

'천식 3배' 악화
기자 | 오늘 아침 인천 광주, 군산 등 서해안과 호남 지방에서는 올 들어 세 번째 황사 현상이 발생했습니다. 건강한 사람들은 느끼기조차 힘든 약한 황사였지만 병원에는 오전부터 천식 환자들로 붐볐습니다. **이경애(인천시)** | 밤에 잠을 못 자죠. 보채고 계속 기침하느라고 잠을 못 자죠. **기자** | 50대 중반의 천식 환자 문모 씨는 지난 번 황사 때 하마터면 목숨을 잃을 뻔했습니다. **문성연(천식 환자)** | 한 20초 간격으로 숨, 기도가 막혀 버립니다. (MBC, 2005. 4. 11)

위의 기사에서도 인터뷰를 적절하게 사용하고 있다. 특히, 천식을 앓고 있는 환자와의 직접적인 인터뷰는 현장성과 함께 기사의 신뢰성을 크게 높여 주는 결과를 낳고 있다.

● **부적절한 인터뷰**

일본인 테러 공포
기자 | 평소에 일본 손님들이 북적이던 식당입니다. 여기는 반일 시위의 표적이 돼 지난 토요일에 시위대가 던진 돌에 유리창이 많이 깨졌습니다. 영업을 다시 시작했지만 일본인 사장은 온데간데 없고 일본 손님들의 발길도 뚝 끊겼습니다. **기자 |** 사장님 계시나? **일본 음식점 종업원 |** 안 계신다. 일이 있어서 나갔다. **기자 |** 지금 손님 있나? **일본 음식점 종업원 |** 손님 없다.   (MBC, 2005. 4. 11)

위의 기사에서는 부적절하게 인터뷰가 사용되었다. 기자의 멘트와 인터뷰의 내용이 크게 동떨어져 있어 그곳의 현장 분위기를 그대로 보여주기에 충분하지 못하다. 테러 공포를 몸소 겪고 있는 일본인의 인터뷰가 아니기 때문이다. 그리하여 이 기사는 일본인이 테러 공포에 시달리는 그곳의 사정을 제대로 전해 주지 못하고 있다.

2

좋은 인터뷰, 이렇게 하자

인터뷰는 기본적으로 직접성, 객관성 · 중립성, 현장성, 진실성 등의 요건을 갖추어야 한다. 이들은 좋은 인터뷰가 갖추어야 하는 내면적인 요건에 해당한다. 실제로는 아래에 제시한 요건까지 갖추어야 좋은 인터뷰라 할 수 있다. 아래는 인터뷰 활용에서 외면적으로 드러나야 하는 좋은 인터뷰의 요건이다.

- 필요한 곳에 요긴하게 쓰자.
- 적합하게 사용하자. 즉, 앞뒤 문맥(특히, 기자의 멘트)에 어울리게 써야 한다.
- 인터뷰 내용에 걸맞게 쓰자.
- 기자의 멘트와 겹치지 말자.
- 인터뷰를 나열할 때에는 중립을 지키자.

1 필요한 곳에 요긴하게 쓰자

2005년 4월 11일 공중파 3사의 방송 뉴스를 살펴보면 기사(단신을 제외한 총 71건)당 평균 2.3회의 인터뷰를 사용하고 있다. 인터뷰 없는 기사는 극히 드물다(5건). 물론 인터뷰 없이도 기사를 쓸 수 있다. 이 경우에는 기자 멘트로 인터뷰를 대신한다.

그러나 인터뷰가 전혀 없으면 어떤 사태나 상태에 대한 기사에서는 정보 확인이 덜 된 듯해 사실성이 떨어지기 쉽고, 전문적인 해설이나 설명이 필요한 일이나 문제의 내용에 대한 기사에서는 어느 한쪽으로 치우쳐서 공정하지 못한 듯 여겨지고, 사건이나 사고 현장의 분위기를 전하는 기사에서는 생생한 분위기가 제대로 전달되지 않는다. 이는 결과적으로 기사의 신뢰성을 크게 떨어뜨릴 수 있다.

핵심 연결 고리

기자 | 작년 7월, 이광재 의원의 소개로 유전 개발 사업에 뛰어든 허씨는 철도청의 사업 참여를 주도한 걸로 알려져 있습니다. 이 의원이 이 사업을 제의했다고 발언한 철도공사 왕영용 사업개발 본부장은 책임을 허씨에게 미루고 있습니다.

왕영용(사업개발 본부장) | 허문석 박사가 이 의원이 관심이 있는 것 같다고 해 사업의 원활한 추진을 위해….

기자 | 이처럼 핵심 연결고리로 떠오른 허씨는 북한 골재반입 사업도 추진한 것으로 드러났습니다. 개통 예정인 경의선을 이용해 예성강 모래를 수도권에 공급하겠다는 겁니다. 허씨는 이를 위해 작년 10월 25일 철도공사와 운송 계약 의향서를 체결했고, 지난 1월엔 통일부로부터 6개월 동안의 운행 승인까지 받아냈습니다. 철도 공사와 추진한 유전 사업이 파기되자 허씨는 작년 12월 광업진흥공사를 찾아가 참여를 제안했다 거절당했습니다.

박양수 사장 | 북한에서 모래를 채취하는 일은 업자가 하는 일이지 공기업이 할 일이 아닙니다.

기자 | 허씨는 지난 4일 돌연 출국해 감사를 받기로 한 오늘까지 돌아오지 않고 있습니다.

허문석 씨 | 여기 것 좀 풀고 가겠습니다. (끝나야 돌아오시겠네요) 그럼 그럼.

기자 | 감사원은 허씨 등 핵심 인물들이 조사에 협조하지 않아 어려움을 겪고 있다며 곧 이들을 검찰에 수사 의뢰하기로 했습니다.   (MBC, 2005. 4. 11)

위의 기사에서는 요소요소에 요긴하게 인터뷰를 쓰고 있는 편이다. 어떤 사태나 상태에 직접적으로 관계하거나 관련하는 사람의 직접적인 진술을 통해 충분하게 정보 확인이 되었다고 볼 수 있다. 그리하여 이 기사는 사실성이 입증되어 신뢰도가 아주 높아 보인다. 반면 다음은 인터뷰를 전혀 사용하지 않은 기사의 예다.

"양계장서 살해"

기자 | 중앙정보부의 특수공작팀장이라는 이모 씨는 지난 79년 10월 7일 파리의 한 레스토랑에서 공작원인 곽모 씨와 함께 김형욱 전 중앙정보부장을 납치했다고 시사저널과의 회견에서 밝혔습니다. 당시 김형욱 씨는 한 여배우를 만나기 위해 혼자서 레스토랑으로 들어서던 길이었고 여배우는 김씨를 유인하는 역할을 했다고 이씨는 주장했습니다. 이씨는 김형욱 씨를 마취시켜 차에 태운 뒤 미리 답사해 둔 파리 외곽의 양계장으로 끌고가 사료 분쇄기에 김씨를 넣어 처리했다고 밝혔습니다. 분쇄기를 택한 것은 흔적을 없애 프랑스 정보기관의 추적을 피하기 위해서였다면서 실패했다면 자살할 생각이었다고 시사저널은 전했습니다. 이씨는 또 김형욱 씨를 암살하기에 앞서 박정희 전 대통령을 만났고 박 전 대통령은 자신에게 직접 술을 따라 주면서 김씨에 대한 불만을 얘기했다고 말했습니다. 이씨는 그러나 김씨 암살은 아랫사람들이 스스로 알아서 한 일이었다고 주장했습니다. (MBC, 2005. 4. 11)

위의 예는 '김형욱 씨가 양계장에서 살해되었다'는 『시사저널』의 내용을 기사화한 것이다. 그런데 이 기사에서는 인터뷰 없이 처음부터 끝까지 직접 인용으로 일관하고 있다. 기사가 6개 문장으로 이루어져 있는데 모든 문장이 '밝혔습니다' '주장했습니다' '전했습니다' '밀했습니다' 등의 인용 동사로 끝나고 있는 것이다. 충분하게 정보 확인이 되지 않았다는 인상을 짙게 풍긴다. 반면 동일한 내용의 타 방송사 기사는 김형욱 씨의 회고록을 집필했던 김경재 의원과의 인터뷰로 정보 확인을 위한 노력이 어느 정도 있었음을 보여 준다.

기자 | 시사저널 최신호는 김형욱 전 중앙정보부장이 26년 전 프랑스 파리 근처에서 당시 중앙정보부 특수비선공작원 이모 씨에 의해 살해됐다고 보도했습니다. 이씨는 시사저널 인터뷰에서 1979년 10월 7일 밤, 파리 시내의 한 카지노 근처에서 김 전 중정부장을 납치했으며 김씨를 파리 외곽 양계장에서 분쇄기에 넣어 살해했다고 말했습니다. 이씨는 또 같은 해 봄, 박정희 전 대통령을 청와대 별관에서 만났으며, 박 전 대통령이 김형욱 전 중정부장의 욕을 했다고 말해 박 전 대통령도 이런 사실을 알았을 것임을 내비쳤습니다. 이씨는 그러나 김재규 당시 중정부장이 살해하라고 시킨 것은 아니며 사형집행인의 심정으로 일을 처리했다고 말했습니다. 시사저널은 그러나 이씨 주장을 뒷받침할 물증은 제시하지 않았습니다. 김형욱 씨 부탁으로 회고록을 집필했던 김경재 전 의원은 시사저널 보도 역시 하나의 가설이라고 말했습니다.

김경재(민주당 전 의원) | 그렇게 주장하는 건 아니다. 설 가운데 하나이기 때문에 ⋯ 김재규가 아닌 것은 확실하다.

기자 | 현재 국정원 과거사 진상조사위원회가 김 전 중정부장 사건을 조사하고 있기 때문에 조사 결과와 이씨 진술이 얼마나 일치할지도 관심입니다. (SBS, 2005. 4. 11)

이런 사정은 다음 기사에서 더 두드러진다.

기자 | 강만길 광복 60주년 기념사업 추진위원장은 오늘 김일성 주석이 항일 운동을 한 것은 역사적 사실인 만큼 김 주석의 항일 투쟁을 당연히 독립 운동으로 봐야한다고 말했습니다. 강만길 위원장은 이와 관련해 일제시대의 독립 운동은 어디까지나 독립 운동이며 사회주의냐 아니냐를 따지는 것은 광복 이후의 문제라고 부연했습니다. 일제시대의 독립 운동을 이념의 잣대가 아니라 독립 운동 그 자체로 봐야 한다는 겁니다. 강만길 위원장은 또 지난 80년대 남한에서 사회주의 계열의 독립 운동에 대해 많은 연구가 이뤄진 것처럼 지금은 북한도 임시 정부를 인정하고 있다면서 남북 간의 차이는 앞으로 더 좁혀질 것이라고 내다봤습니다. 강만길 위원장의 오늘 언급은 오랫동안 한국 근현대사를 연구해 온 전문가로서 김일성 주석 등 사회주

> 의 계열의 항일 투쟁도 독립 운동사에 포함시켜야 한다는 평소의 학문적 견해를 강조한 것으
> 로 해석됩니다.　　　　　　　　　　　　　　　　　　　　　　　　　(MBC, 2005. 4. 11)

이 기사에서도 인터뷰 없이 직접 인용으로 일관하고 있다. '김일성의 항일 투쟁을 독립 운동으로 봐야 한다'는 강만길 광복 60주년 기념사업 추진위원장의 발언을 일방적으로 전하고 있을 뿐이다. 이러한 강만길 위원장의 발언 내용은 아직 사회적 합의가 완전히 이뤄지지 않은 것이다.

이렇듯 대립하는 관점이 있을 수 있는 일이나 문제에 대한 기사에서는 더욱 더 객관성·중립성을 유지해 주어야 한다. 그런데 이 기사에서는 강만길 위원장의 발언만을 일방적으로 전하고 있기 때문에 어느 한쪽으로 치우쳐 공정하지 못하다는 느낌을 줄 소지가 있다.

반면 동일한 내용의 타 방송사 기사에서는 강만길 위원장의 발언 내용에 대해 대립하는 관점을 나란히 보여 주고 있어 어느 정도 객관성·중립성을 유지하고 있다.

'독립 운동' 논란

기자 | 강만길 위원장은 오늘 기자 간담회에서 김일성 전 주석이 항일 운동을 한 것은 역사적 사실이라고 말했습니다. 따라서 김 전 주석의 항일 운동도 독립 운동으로 봐야 한다고 말했습니다. 강 위원장은 대표적인 진보주의 역사학자로서 이 발언이 새로운 것은 아닙니다. 그러나 좌익 계열 인사의 독립 운동 인정 문제에 대한 사회적 합의가 완전히 이뤄지지 않은 상황에서 정부 기구 장으로서 한 발언이라는 점에서 논란이 일고 있습니다.

김민철(민족문제연구소 연구실장) | 이미 학계에서 통설로 정해져 있다. 사회주의 경향이라고 할지라도 독립을 목적으로 했다면 독립 운동이라고 해야 한다.

조남현(자유시민연대 대변인) | 국민 정서상 적절치 않다. 한국전쟁의 전범이 항일 투쟁 했다고 한다면 국민 정서상 인정할 수 있겠나?

그렇다고 무조건 인터뷰가 많다고 좋은 게 아니다. 인터뷰의 남용이 오히려 역효과를 낼 수도 있다.

방생 자라 떼죽음

기자 | 청정함을 자랑하는 북한강 하류입니다. 상수원 보호 지역과 인접해 있는 물 속은 어떤지 들어가 봤습니다. 부유물로 한 치 앞을 분간하기 힘든 데다 각종 쓰레기만 나뒹굴고 있습니다. 특히 물이끼가 두껍게 낀 돌멩이 같은 물체들이 여기저기 눈에 띕니다. 뒤집어 보니 허연 배를 드러내는 것이 바로 자라입니다. 사람들이 마구잡이로 방생한 이런 자라들이 강바닥에 떼로 죽은 채 널려 있습니다.

인근 주민 | 특정 행사 날 와 가지고, 무속인들과 사람들 같이 와서 방생을 하고 음식물 같이 버리고 같이 이렇게 해요. 자라 같은 거 1인당 서너 마리씩…

기자 | 자라들을 땅 위에 꺼내놓자 심한 악취가 진동합니다.

김재석(환경 운동가) | 엄청나게 많습니다. 이루 셀 수 없어요. 이게 다 죽은 것들이…

기자 | 인근 주민들은 죽어 떠오르는 자라들로 몸살을 앓고 있습니다.

인근 주민 | 하루에 한 열 마리씩 봐요.

기자 | 죽어서요?

인근 주민 | 네, 죽어서요. 매일 건지는데요, 우리가…

기자 | 외래종인 붉은귀거북이가 토종 생태계를 파괴한다는 이유로 지난 2001년 환경부가 방생을 금지한 이후 사람들이 강에 적응하지 못하는 양식 자라를 방생하면서 생긴 현상입니다.

남궁옥(환경 운동가) | 평상시에 북한강, 남한강, 한탄강, 기타 전국적으로…

기자 | 이대로 놔두면 수중 생태계에 심각한 위협을 줄 수 있다는 지적입니다.

안윤주(건국대 교수) | 박테리아 작용으로 분해가 되면서 유기물이 방출하게 되고 또 그 결과 용존 산소가 고갈되게 됩니다. 이런 현상들이 오랜 시간 지속이 되면 생태계를 위협하는 가능

성이…

기자 | 하지만 현재 방생을 제지할 만한 규정은 어디에도 없습니다.

남양주시 환경 지도팀장 | 양식이든 자연산이든 어떤 방생을 법으로 금지를 하고 있지는 않습니다.

기자 | 생명을 소중하게 여긴다는 의미에서 방생되는 자라가 떼로 썩어 가면서 선행의 의미를 퇴색시킬 뿐 아니라 수중 생태계까지 위협하고 있습니다.   (KBS, 2005. 4. 11)

위의 기사에서는 총 6개의 인터뷰를 사용하고 있다. 그런데 이 기사에서는 인근 주민(2인)을 대상으로 한 체험자 인터뷰 두 개와 환경 운동가(2인)를 대상으로 한 전문가 인터뷰 두 개에서 각각 하나씩 삭제해도 내용상 기사 전개에 큰 무리가 없다.

게다가 체험자 인터뷰와 전문가 인터뷰의 내용이 차별화되어 있지도 않다. 전문가 인터뷰가 어떤 일이나 문제의 내용에 대해 전문적으로 해설하거나 설명하는 내용을 담고 있지 않은 것이다. 그 결과 전문가 인터뷰를 통해 기사의 객관성·중립성이 유지되지도 않는다.

이렇게 차별화되지도 않은 인터뷰를 많이 사용하면 난삽한 느낌만 주어 시청자가 기사의 전체 내용을 제대로 이해할 수 없도록 한다. 인터뷰는 적정한 횟수로 요소요소에 요긴하게 쓸 필요가 있다.

2 적합하게 사용하자

인터뷰는 앞뒤 문맥에 어울리게 써야 한다. 특히, 기자의 멘트와 어울려서 그 흐름이 자연스러워야 한다. 적합하게 사용된 인터뷰는 기자 멘트의 사실성, 객관성·중립성, 현장성을 높여 준다. 이는 결과적으로 전체 기사의 신뢰도를 유지해 주기도 한다.

핵심 연결 고리

기자 | 허씨는 지난 4일 돌연 출국해 감사를 받기로 한 오늘까지 돌아오지 않고 있습니다.

허문석 씨 | 여기 것 좀 풀고 가겠습니다. (MBC, 2005. 4. 11)

금연 효과 공방

기자 | 실제 KT&G의 조사에 따르면 연초에 흡연율이 크게 떨어진 건 맞지만 2월부터 다시 오르기 시작했습니다. 누구 말이 맞을까. 담배 회사 KT&G는 담뱃값이 오르면 판매량이 줄어들어 손해고 보건복지부는 건강증진기금 5천억 원이 더 생겨 이익일 수 있습니다. 전문가들은 각자의 조사 방식 자체가 객관성이 부족하다고 지적합니다.

김정혜 이사(코리아 리서치) | 한쪽 조사는 패널 조사이다 보니까 2차, 3차 표본 구성에서 다소 문제가 있을 수 있는 거고요. 또 한쪽 조사는 조사 시점에서 이전 것에 대해서 물어봐야 되는 상황이라서 응답자들에게 다소 혼란을 야기할 수 있습니다. (MBC, 2005. 4. 11)

위의 두 기사에서는 당사자 인터뷰, 전문가 인터뷰를 적합하게 사용해서 기자 멘트의 사실성, 객관성·중립성을 높여 주고 있다.

반면 다음 예는 인터뷰를 부적합하게 사용한 기사다.

"개방 비용 부담"

기자 | 노무현 대통령은 북한이 중국이나 베트남 방식으로 개혁, 개방하는 것을 지지한다면서 통일을 위한 비용이 부담스럽더라도 한국민들은 이를 반대하지 않을 것이라고 말했습니다.

노무현 대통령 | 독일 통일 경험 그 이후 여러 가지 독일이 경험한 것을 듣고 배우는 것이 매우 중요한 일입니다. (MBC, 2005. 4. 12)

자이툰 교육 지원

기자 | 자이툰 부대가 마련한 또 하나의 문맹 퇴치 학교가 문을 열었습니다. 이곳 쿠르드 자치 지역은 후세인 집권 시절 교육 기회가 차단돼 문맹률이 30퍼센트가 넘습니다. 현재 운영 중인 18개 학교를 거쳐 갔거나 공부를 계속하고 있는 현지 주민은 2000명이 넘습니다.

압둘 아지즈(쿠르드 지방 정부 교육부 장관) | 한국이 높은 교육 수준으로 강한 나라를 만들었다는 점은 우리에게도 의미가 있다.

기자 | 주민 25퍼센트가 직업이 없다는 점을 감안해 자이툰 부대 안에는 기술교육센터를 설치하고 중장비, 컴퓨터, 가전제품 수리 등 7개 과정으로 나눠 주민들을 교육하고 있습니다.

알라(쿠르드 교육부 교육기획담당) | 자치정부 총리가 기술교육센터 수강생은 전원 취업을 보장한다고 약속했다.

기자 | 이런 교육 기회의 확대가 이라크 재건에 밑거름이 될 것으로 기대됩니다.

최종선 대령(자이툰 부대 군수지원단장) | 물고기를 주는 것보다는 물고기를 잡는 방법을 가르쳐 줌으로써 스스로 자립할 수 있도록 하는 데 최선의 노력을 다 하고 있습니다.

(MBC, 2005. 4. 11)

위의 두 기사에서는 기자의 멘트와 인터뷰 내용이 너무 동떨어져 있다. 특히 두 번째 기사에서는 기자의 멘트와 압둘 아지즈, 알라의 인터뷰 내용이 전혀 관련이 없는 것처럼 보인다. 이러한 부적합한 인터뷰 사용은 전체 기사의 신뢰도를 크게 떨어뜨릴 수 있으므로 특히 조심해야 한다.

3 인터뷰 내용에 걸맞게 쓰자

인터뷰 사용에는 기자의 의도가 숨어 있다. 기자의 작위성이 개입될 소지가 다분한 것이다. 자신의 기사와 견해를 같이 하는 인터뷰 대상자를 찾아서 인터뷰 하는 것도 그렇고 그렇게 얻어진 인터뷰를 기사의 내용에 걸맞게 편집하는 것도 그렇다. 특히, 후자의 경우 본래의 인터뷰 내용을 왜곡·변질시킬 가능성이 높다.

긴급 조사권 발동

기자 | 아파트 안전 진단 기준이 강화되면, 강남의 대부분 재건축 추진 단지들은 사실상 통과가 어려울 전망입니다. 또 논란이 되고 있는 초고층 재건축 가능 층수도 최고 35층으로 못박았습니다.

권주안(주택산업 연구원) | 단기적으로 가격은 잡겠지만, 아파트 공급이 워낙 없어 가격 불안 요인은 그대로 남아 있어⋯   (SBS, 2005. 4. 11)

위의 기사에서 인터뷰는 '강남 지역에서 아파트 안전 진단 기준을 엄격하게 한다 해도 궁극적으로 치솟는 아파트 가격은 잡을 수 없을 것'이라는 내용을 담고 있다. 그런데 그 앞의 기자 멘트에서는 '아파트 안전 진단 기준을 강화하여 치솟는 강남 지역 아파트의 재건축을 아예 막겠다'고 이야기하고 있다. 인터뷰를 오용하고 있는 것이다. 또는 부적합하게 인터뷰를 사용한 것으로 볼 수도 있겠다.

남성에 치명적

기자 | 분당 서울대 병원이 과거 6년간 쓸개 제거 수술을 받은 환자를 조사한 결과 남성이 여성보다 더 짧은 시간에 증세가 악화되고 위험한 것으로 나타났습니다. 남성이 여성보다 담즙 통로에 지방질이 적은 것이 원인입니다.

한호성 교수(분당 서울대 병원 외과) | 남자와 여자를 비교했을 때는 남자가 여자보다 지방질이 적어서 내려갈 때 쿠션 역할을 하는 게 적기 때문에 더 심한 증상이 나타나지 않나 그렇게 생각을 하고 있습니다.   (MBC, 2005. 4. 11)

<table>
<tr><td colspan="2" align="center">검정고시도 부정</td></tr>
<tr><td>기자 | 이씨와 비슷한 주장이 여기저기에서 제기되고 있지만 학원들은 그런 사실이 없다며 부정 행위 의혹을 강력히 부인하고 있습니다.</td></tr>
<tr><td>○○학원 관계자 | 모르겠습니다. 본인들이 누구에게 부탁해서 하는지는 모르겠지만 저희는 학원을 내세워 하지 않습니다.　　　　　　　　　　　　　　　　　(MBC, 2005. 4. 12)</td></tr>
</table>

위의 기사들에서도 인터뷰 내용과 기자의 멘트가 일치하지 않는다. 첫 번째 기사에서는 '더 심한 증상이 나타나지 않나' 하는 추정적인 내용의 인터뷰를 통해 기자가 단정적으로 결론짓고 있고 두 번째 기사에서는 '저희는 학원을 내세워 하지 않는다'고 부정 행위에 대한 의혹을 우회적으로 부정하는 내용의 인터뷰를 제시하면서 기자의 멘트에서는 '강력히 부인하는' 것으로 단정하고 있다. 기자가 인터뷰를 내용에 걸맞지 않게 오용하고 있는 것이라 할 수 있다.

4 기자의 멘트와 겹치지 말자

인터뷰는 앞뒤의 기자 멘트와 자연스럽게 어울려 쓰여야 한다. 그러려면 내용상 서로 통하는 점이 있어야 한다. 그렇다고 이것이 언어적 표현까지 똑같거나 비슷해야 함을 뜻하는 건 아니다. 전체 기사의 단조로움과 지루함을 피하기 위해서라도 기자의 멘트와 인터뷰는 언어적 표현을 서로 다르게 하는 것이 바람직하다.

겉치레 조사

기자 ┃ 두 사람은 작년 11월 의원회관에서 단 한 차례 만난 게 전부라고 밝혔고 감사원도 이같은 내용을 공식 확인했습니다. 하지만 어제 기자 회견을 자청한 이 사업의 핵심 실무자 왕영용 본부장은 <u>전혀 다른 주장을 내놓았습니다.</u>

왕영용(당시 철도공사 사업본부장) ┃ 거의 매일 수시로 신 사장님이 (이광재) 의원님을 방문하는 과정이 되기 때문에 그렇게 하는 과정에서 또 방문을 할 수 있고 면담을 할 수 있지 않느냐…

(MBC, 2005. 4. 11)

위의 기사에서는 인터뷰와 다른 언어적 표현을 기자 멘트로 써서 그 내용을 효과적으로 전달하고 있다. 반면 다음의 기사들에서는 기자 멘트와 인터뷰가 거의 똑같거나 비슷하다. 그 결과 전체 기사가 단조로워 보이고 지루하게 느껴진다.

사고 비용 15조

기자 ┃ 교통사고로 인한 사망 수는 해마다 줄고 있다고 하지만 부상자 증가 추세는 여전해서 사고 비용은 오히려 늘어나고 있습니다.

설재훈 박사(교통개발연구원) ┃ 사망자 수는 감소하고 있지만 운전자들의 안전운전 불이행으로 인하여 많은 접촉 사고가 발생하고 있고 이것이 교통사고 비용이 증가하는 원인으로 작용하고 있습니다. (MBC, 2005. 4. 13)

깊어지는 갈등

기자 ┃ 일본 정부는 소강 상태를 보이고 있는 중국의 반일 시위가 주말에 다시 재현될 가능성이 높은 것으로 우려하고 있습니다.

호소다(일본 관방 장관) ┃ 지금부터 또 시위의 움직임이 나타날 수 있다. (MBC, 2005. 4. 12)

5 인터뷰를 나열할 때는 중립을 지키자

취사 선택한 인터뷰는 객관적이고 중립적인 순서로 나열해야 한다. 그렇지 않으면 자칫 어느 한쪽으로 치우쳐서 공정하지 못하다는 느낌을 줄 소지가 있다.

그래도 강남으로
기자 ｜ 비교적 교육 환경이 좋다고 평가받는 서울 목동 지역 학생들에게도 강남은 여전히 부러움의 대상입니다.
정여지(고1) ｜ 강남은 좋은 대학 많이 간다더라
이혜민(고2) ｜ 같은 등급이면 강남이 더 유리⋯　　　　　　　　　　　　(MBC, 2005. 4. 11)

'천식 3배' 악화
기자 ｜ 건강한 사람들은 느끼기조차 힘든 약한 황사였지만 병원은 오전부터 천식 환자들로 붐볐습니다.
환자1 ｜ 애가 밤새도록 기침을 하느라고 잠을 못 잤어요.
기자 ｜ 50대 중반의 천식 환자 문모 씨는 지난 번 황사 때 하마터면 목숨을 잃을 뻔했습니다.
환자2 ｜ 20초 간격으로 숨 막혀. 병원 아니었으면 죽었다.　　　　　(MBC, 2005. 4. 11)

위의 기사에서처럼 대등한 내용의 인터뷰를 나열할 때에는 그 순서가 크게 문제되지 않는다. 그러나 대립하거나 상반되는 내용의 인터뷰를 나열할 때에는 반드시 일반적이고 중립적인 순서가 무엇인지를 잘 따져야 한다. 그런 면에서 다음의 두 기사는 대립하거나 상반되는 내용의 인터뷰를 중립적인 순서로 잘 나열한 편이다.

명동서 땅 싸움

기자 | 한국과 타이완이 지난 93년, 비외교 재산은 소유권을 넘기지 않겠다는 비망록을 작성했기 때문에 대사관 담장 바깥에 있는 이 땅은 여전히 타이완 소유라는 것입니다.

푸자오치(주한 타이완 대표부 참사관) | 우리 땅이다. 원상 회복해야 한다.

기자 | 중국 대사관 측은 언급을 피했습니다.

중국 대사관 관계자 | 중국 대사관에서는 특별한 입장이 없습니다.　　　　　　(SBS, 2005. 4. 11)

금연 효과 공방

기자 | 보건복지부 조사 결과에 따르면 작년 말 담뱃값을 올린 이후 지난 3월 말까지 성인 남성의 9.7퍼센트가 담배를 끊었습니다.

조경숙(보건복지부 건강정책과) | 이를 통해서 봤을 때 담배 가격 인상 효과가 3개월이 지나도 지속되는 것으로 판단이 됩니다.

기자 | 하지만 반대 주장도 많습니다.

장태동(재흡연자) | 연초에 담배 끊었다가도 힘들고 하니까 한 열에 일곱 정도 제 주위에 다시 피는 것 같습니다.　　　　　　(MBC, 2005. 4. 11)

반면 다음은 대립하거나 상반되는 내용의 인터뷰를 다소 중립적이지 않은 순서로 나열한 것으로 의심이 가는 기사다.

검 · 경 평행선

기자 | 검찰과 경찰의 수장들은 공청회 인사말에서부터 팽팽한 긴장감을 드러냈습니다.

김종빈(검찰총장) | 수사권 조정은 오로지 국민의 인권 보장과 편익 증진을 위하여 바람직하고 합리적인 수사 제도와 관행을…

김학배(경찰청 기획수사심의관) | 합리적인 수사 제도를 만들라는 것은 더 이상 거부할 수 없는 국민의 준엄한 명령이자 시대의 요구가 된 것입니다.　　　　　　(KBS, 2005. 4. 11)

위의 기사에서는 서로 대립하는 검찰과 경찰의 주장·진술을 담은 인터뷰를 검찰, 경찰의 순서로 나열하고 있다. '검찰'과 '경찰'을 아울러 이를 때 '검경'처럼 '검찰'을 앞세우는 관행을 따른 것이다. 그러나 무조건 관행에 따르다 보면 일반 국민에게 편견에 사로잡히게 할 수 있다.

방송 뉴스에서는 각 기사의 성격에 맞는 순서로 인터뷰를 나열할 필요가 있다. 이 기사에서 문제가 되고 있는 '수사권 조정 문제'를 먼저 내세운 건 경찰 쪽이다. 그렇다면 이 기사에서는 이른바 기삿거리의 생산자인 경찰의 주장을 담은 인터뷰를 먼저 제시하는 게 중립적인 순서가 아닐까 싶다.

6부

자막 작성,
이렇게 한다

1

자막은 왜 사용하는가?

텔레비전 '자막'은 텔레비전에서 음성 언어가 아닌 문자 언어로 표현되는 모든 것을 가리킨다. 자막은 모든 프로그램 갈래에서 활용된다. 뉴스 보도문에서는 아래와 같은 방법으로 자막이 쓰인다.

뉴스의 자막

[그림 1] 제목

[그림 2] 하단 자막

[그림 1]은 뉴스의 '제목'이라고 하는 것이고 [그림 2]는 뉴스에서 전형적으로 자막이 쓰이는 경우다. 제목은 전체 기사의 내용을 압축적으로 제시해 시청자가 기사를 이해하는 데 도움을 주는 정보라 할 수 있다. 이에 비해 하단의 자막은 제시되는 그림의 내용을 이해하는 데 필요한 구체적인 정보를 제시하는 역할을 한다.

[그림 1]에서는 화면과 제목을 보는 것만으로 기사의 내용을 어느 정도 짐작

할 수 있지만 [그림 2]는 대통령의 일정을 부가적으로 설명하는 역할만을 한다. 기사의 내용을 요약·정리하는 데 자막이 쓰이기도 하지만 자막만으로 기사의 내용을 직접 전달하는 일은 없으므로 자막의 역할은 이차적이라고 할 수 있다.

이 글에서는 [그림 1]과 같은 '제목'을 제외한 뉴스 보도문의 자막을 다루는데, MBC·KBS·SBS 방송 3사의 뉴스에서 자막이 어떻게 쓰이는지를 실제로 비교·분석하고 좀더 효율적으로 자막을 사용하기 위한 지침을 제시하고자 한다.

1 기사 내용을 요약 전달한다

(1) 그림 내용 보충 설명

기사 내용을 자막으로 요약해서 전달하는 데에 일관된 기준을 찾기는 쉽지 않다. 방송사마다 기사에 따라 또는 기자의 선호도에 따라 달라지는 듯하다. 동일한 기사 내용이지만 방송사마다 자막을 이용하는 방법은 서로 다르다.

다음은 그림으로 보여주고 있는 행사의 이름과 장소, 시간을 소개하는 경우다.

그림의 내용을 보충 설명하는 경우

[그림 3] MBC 뉴스데스크 내용 소개

[그림 4] MBC 뉴스데스크 내용 소개

[그림 5] KBS 9시뉴스 내용 소개

[그림 6] KBS 9시뉴스 내용 소개

[그림 7] SBS 8시뉴스 내용 소개

[그림 8] SBS 8시뉴스 내용 소개

방송사별로 약간의 차이가 있다는 것을 알 수 있다. 또한 같은 방송사라 하더라도 언제나 일관된 형식을 취하는 것은 아니다. 방송사 간의 차이를 문제라고 할 수는 없다. 어느 경우든 정보를 최대한 자세하고 친절하게 제시하는 것이 필요하다. 장소, 행사 내용, 시간 등을 시청자의 입장에서 제시한다.

따라서 다음과 같이 세 가지 가능성을 생각해 볼 수 있다.

독일 베를린 동포 간담회
오늘 새벽 [한국 시간]

독일 동포 간담회
오늘 새벽 [한국 시간], 베를린

동포 간담회
오늘 새벽 [한국 시간], 독일 베를린

(2) 기사의 요약 및 정리

● 기사의 요약 정리 1

뉴스의 기사를 자막을 통해 요약하고 압축적으로 제시함으로써 시청자의 이해를 돕는 경우다.

기사의 요약 정리

[그림 9] KBS 9시뉴스 ②

[그림 10] KBS 9시뉴스 ③

위의 기사의 주요 사항은 아래와 같은데 이 중에서 둘째와 셋째 부분을 자막으로 제시하고 있다.

① 북한에도 쓴소리를 할 수 있다.

② 문제가 풀리지 않을 경우에도 복안이 있다.

③ 남북 교류의 문은 언제든지 열려 있다.

다음은 자막을 좀더 적극적으로 이용하는 경우인데 기사의 핵심적인 내용을 자막을 사용해 제시하는 방법으로 기사의 이해를 돕고 있다.

기사의 요약 정리

[그림 11] SBS 8시뉴스 ①

[그림 12] SBS 8시뉴스 ②

[그림 13] SBS 8시뉴스 ③

[그림 14] SBS 8시뉴스 ④

위의 [그림 11]에서부터 [그림 14]까지의 자막을 읽는 것만으로도 다음과 같은 기사의 전체적인 모습을 알 수 있다.

① 노 대통령 : 북한이 NPT를 탈퇴하고 남북 비핵화 합의를 무시한 것은 잘못이다.

② 노 대통령 : 북한도 인식을 바꿔야 한다.

③ 기자 : 북한에도 할 말은 한다는 뜻을 나타낸 것이다.

④ 청와대 : 대북 정책이 강경하게 변하는 것은 아니다.

다음은 기사 내용의 흐름을 자막으로 제시하면서 기사를 전개하는 경우다.

좀더 적극적으로 자막을 기사에 이용하는 방법이다.

[그림 15] SBS 8시뉴스 ①   [그림 16] SBS 8시뉴스 ②

기사의 내용을 요약하거나 보충하는 데 자막을 적극적으로 사용해야 하느냐, 기자의 설명과 그림이 있으므로 자막의 사용을 최대한 억제해야 하느냐는 쉽게 판가름 날 수 있는 문제는 아니다. 일례로 방송 3사의 경우에 자막을 쓰는 빈도가 MBC < KBS < SBS 순이지만 이러한 차이가 뉴스의 전달에 어느 정도 영향을 미치는지는 아직 연구된 바가 없다.

그러나 지나치게 자막 활용도가 높은 뉴스는 시청자의 눈을 피곤하게 만들 수 있다. 또한 말소리를 듣지 않고 자막만을 봤을 때 내용이 자연스럽게 이어지지 않는다면 그 자막은 문제를 안고 있다고 봐야 한다. 신중한 자막의 활용이 필요하다.

● 기사의 요약 정리 2

기사의 내용을 좀더 본격적으로 요약해서 제시하는 경우다. 여러 가지 사안이 복잡하게 전개될 때 시청자의 이해를 돕기 위해 제시하는 일이 많다. 비중이 높은 주요 기사나 심층 기사의 경우 자막과 그래픽을 이용해 핵심적인 내용을 압축적으로 보여 준다.

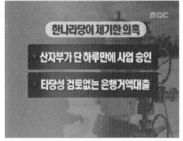

[그림 17] MBC 뉴스데스크

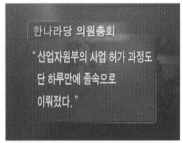

[그림 18] SBS 8시뉴스

기사의 내용을 요약해서 정리할 때 좀더 효과적인 방법은 무엇인가?

[그림 17]은 요약 정리하는 방식을 택했고 [그림 18]은 인용하는 방식으로 표현하고 있다. [그림 18]이 생생한 느낌을 주기는 하지만 기사의 내용이 꼭 현장성을 드러내야 하는 것은 아니며 여러 주장과 반론이 뒤섞여 있는 상황이므로 [그림 17]처럼 정리해서 제시하는 것이 나아 보인다. '하루 만에 졸속으로'는 왼쪽처럼 '하루 만에'만으로 표현하는 것이 더 압축적인 느낌을 준다.

상황에 맞도록 좀더 효과적인 전달 방법을 염두에 두고 제시한다. 가능하다면 압축적인 표현을 사용한다.

2 부가 정보와 세부 자료를 보여준다

기사의 내용을 직접 언급하지 않는 경우에 자막이 가장 빈번하게 쓰이는 경우는 두 가지 경우로 나눌 수 있다. 하나는 부가정보를 제시하는 경우이고 다른 하나는 좀더 세부적이고 구체적으로 뒷받침할 수 있는 자료를 제공하는 경우다. 부가정보 중에서 가장 빈번한 것은 등장인물을 소개하는 것이다.

(1) 취재원 정보 1

기사에 등장하는 인물에 대한 정보를 자막으로 제시하는 경우다.

[그림 19] SBS 8시뉴스

[그림 20] KBS 9시뉴스

[그림 21] MBC 뉴스데스크

인물의 정보를 표시하는 방법은 MBC와 SBS가 2단으로 편집을 하고 KBS는 1단으로 편집을 한다는 점에서 차이가 있다. MBC와 SBS 간에는 직위를 어느 줄에 표시하느냐 하는 미세한 차이가 있다.

[그림 22] MBC 뉴스데스크

[그림 23] SBS 8시뉴스

[그림 24] MBC 뉴스데스크, 직위 둘째 단

[그림 25] MBC 뉴스데스크, 직위 없음

[그림 22]와 [그림 23]을 보면 MBC는 직위를 첫째 단에, SBS는 둘째 단에 배치했다. 하지만 언제나 일관성이 있는 것은 아니다. 첫째 단이 너무 길어질 경우 둘째 단으로 조정을 하는 경우가 있다.

[그림 24]는 이름과 직위를 모두 제시할 경우 첫째 단이 너무 길어져서 둘째 단으로 배치했다. [그림 20]과 같이 한 줄로 제시할 경우에는 이런 문제는 발생하지 않는다. 다만 한 줄일 경우에는 두 줄에 비해 담을 수 있는 정보의 양이 제약을 받을 것이다.

인물 정보를 자막으로 표시하는 경우에 등장인물이 기사와 어떤 관계가 있는지 분명하지 않은 경우가 있다. 기사를 설명할 때 밝혀줄 수도 있겠지만 자막을 통해 제시하는 방법도 고려해 볼 만하다. [그림 25]의 경우 인물 정보를 제시할 때 기사 내용과의 관련성을 보일 수 있도록 제시하는 것이 바람직하다.

사례에서 봤듯이 인물 정보를 제시할 때 일관된 형식이 없다. 등장인물이 기사와 어떤 관계가 있는지 분명하게 보여 줄 필요가 있다.

인물 정보를 제시할 때는 다음과 같은 네 가지 방법이 가능하다.

홍길동
문화관광부 문화정책과장

홍길동 과장
문화관광부 문화정책과

홍길동 문화정책과장
문화관광부

홍길동 과장 문화관광부 문화정책과

인물 정보를 제시할 때 기사 내용과 어떤 관계가 있는지를 밝히는 것이 좀 더 충실한 정보를 제시한다는 점에서 바람직하다.

홍길동 담당 사무관
문화관광부 문화정책과

(2) 취재원 정보 2

기사의 취재 목적에 따라서 인물의 정보는 아주 간략하게 처리되기도 하고 기사의 내용을 이해하는 데 필요한 정보를 덧붙여 표시하기도 한다.

부가정보 제시 – 인물의 부가정보

[그림 26] MBC 뉴스데스크

[그림 27] SBS 8시뉴스

부가정보의 내용만을 비교한다면 [그림 26]의 전달력이 더 나아 보인다. [그림 27]에서는 기사 내용과는 관계없는 '서울 평창동'이 들어가서 실제 의도하고자 했던 '독자'라는 정보의 전달을 방해하고 있다.

[그림 28]

[그림 29]

시청자 누구나 알고 있을 만한 유명 인물의 경우에는 정보를 생략하기도 한다. [그림 28]에는 인물 정보가 들어 있지만 [그림 29]에는 인물 정보가 들어 있지 않다.

사례에서 살펴봤듯이 인물 정보에는 불필요한 정보가 들어가는 일이 있다. 인물 정보에는 꼭 필요한 정보만을 담는다. 다른 수단에 의해 도움을 받을 수 있을 때는 생략도 가능하다.

(3) 취재 기자 정보

취재 기자 정보 – MBC 뉴스데스크

취재 기자 정보 – KBS 9시뉴스

취재 기자 정보 – SBS 8시뉴스

기사를 취재하고 작성한 기자를 비롯한 제작자를 밝힐 때 자막을 사용한다. 위의 그림들은 방송 3사에서 사용하고 있는 방식이다. KBS는 기자의 전자 우편 주소를 표시하는 데 비해 다른 방송에서는 표시하지 않는다는 차이가 있다. 또한 MBC는 이름 다음에 기자라는 호칭을 붙이고 KBS, SBS는 붙이지 않는다.

KBS는 '촬영기자, 영상편집'이라는 용어를 사용하고 MBC, SBS는 '영상취재, 편집'이라는 용어를 사용한다는 점도 차이가 있다. '영상취재'와 '촬영기자'는 크게 차이가 없어 보이지만 '영상편집'과 '편집'은 포함하는 범위에 상당한 차이가 있다. 기사의 내용 전체를 편집한다면 '편집'이 적절하지만 '영상'에 한정된 것이라면 '영상편집'이 좀더 정확한 용어라고 할 수 있다.

앞에서 살펴봤듯이 기사에 대한 문의 등이 가능하도록 취재 기자의 전자우편을 밝히는 것이 좋다. 또한 전체적인 기사를 편집한 것이라면 '편집'이라고 하고 '영상'만을 편집한 것이라면 '영상편집'이라고 밝힌다. 색깔이나 모양 또한 일관성 있는 형식을 사용한다.

2 자막, 이렇게 쓰자

1 그림을 설명하는 경우

● 주어와 인용문이 나타나는 경우

쉼표, 따옴표

[그림 30] SBS 8시뉴스

[그림 31] SBS 8시뉴스

　위의 자막은 뉴스에서 그림을 설명할 때 자주 나타난다. 주어와 인용문이 나타나는 것인데 압축적인 표현을 사용하는 자막에서는 주어 표지를 생략하는 대신에 주어나 화자 다음에 쉼표를 사용한다. 그리고 요약 정리된 말을 인용문처럼 처리해서 큰따옴표 안에 제시한다.

주 어	인용문
노 대통령	북한의 인식 변화 촉구
청와대	대북 정책 강경 기조는 아니다

● 화자를 그래픽으로 처리한 경우

[그림 32] MBC 뉴스데스크   [그림 33] SBS 8시뉴스

위의 그림은 화자를 그래픽으로 처리하고 화자의 발화를 직접 제시하는 형식으로 나타낸 것이다. 그렇지만 이때 역시 화자가 직접 말한 형식 그대로라고 하기는 어렵고 다듬어서 제시한 것으로 보인다.

이러한 쓰임은 일반적인 인용문의 쓰임과는 차이가 있다. 큰따옴표는 주어의 말을 그대로 옮겨 오는 직접 인용문에 쓰는 것이 원칙이다. 그런데 위의 경우는 기자의 관점에서 요약하고 정리한 것이므로 직접 인용문이 아니라 간접 인용문에 해당한다.

일반적인 인용문의 쓰임과는 다르지만 주어나 화자를 쉼표로 나타내고 발화 내용을 정리해 큰따옴표로 묶어 직접 인용문의 효과를 내는 것은 시각적인 효과를 살리는 표현 방법이라고 생각한다. 그러므로 특별한 문제가 있다고 하기 어렵다.

2 요약 뉴스를 자막으로 제시하는 경우

자막 뉴스 표현

[그림 34] 자막 뉴스 ①

[그림 35] 자막 뉴스 ②

이번 사례는 주요 뉴스를 자막으로 짧게 정리해 제시하는 경우다. 주로 아침 뉴스에서 이러한 자막을 사용한다. 자막은 오른쪽 하단에서 왼쪽으로 수평으로 움직인다. 뉴스 그림에 달린 자막이 뉴스의 내용을 보충하는 부가적인 역할을 한다면 이러한 자막은 뉴스의 개요를 전달한다는 점에서 비교적 비중이 높은 역할을 한다고 할 수 있다.

그런데 뉴스의 핵심 내용을 자막으로 작성하지 않아서 내용을 이해하는 데 혼란스러운 경우가 있다. 자막만으로도 뉴스의 핵심을 이해할 수 있어야 한다. 또한 불필요한 요소가 들어 있어서 오해를 불러일으킬 소지가 있으므로 주의해야 한다.

> 1-1 2천만 원 이상 송금 시 거래 목적도 신고 　　　(MBC 뉴스투데이, 2006. 1. 18)
>
> 　　 2천만 원 이상 송금 시 인적 사항 기재해야 　　　(KBS 뉴스광장, 2006. 1. 18)

뉴스의 핵심 내용은 금융 거래를 할 때 돈세탁 등을 방지하기 위해 인적 사항을 밝히는 것이므로 '인적 사항 기재'가 더 이해하기가 쉽다. '인적 사항·

거래 목적 기재해야' 로 모두 제시하는 것도 생각해 볼만하다.

> 1-2 검찰, 황우석 교수와 노성일 이사장의 수사 방해 움직임 엄중 경고
>
> (MBC 뉴스투데이, 2006. 1. 18)
>
> 검찰, 황 교수 측, 노성일 이사장 측에 수사 지장 행동 금지 엄중 경고
>
> (KBS 뉴스광장, 2006. 1. 18)

'수사 방해 움직임 엄중 경고' 가 간결하다.

> 1-3 최광식 경찰청 차장, 브로커 윤상림과 연관 의심… 돈 거래 포착
>
> (MBC 뉴스투데이, 2006. 1. 18)
>
> 최광식 경찰청 차장, 법조 브로커 윤모 씨와 수천만 원대 돈 거래… 검찰 청탁
>
> 관련 가능성 조사 나서 (KBS 뉴스광장, 2006. 1. 18)

아래쪽의 자막이 정보를 좀더 충실하게 제공한다. 아래 자막의 '돈 거래…' 는 '돈 거래 사실 드러나 검찰 조사 착수' 로 바꾸는 것이 나아 보인다.

> 1-4 서울 수유 4-6동 일대 3천여 가구, 도시가스 공급 6시간 동안 중단… 주민들
>
> 추위 떨어 (MBC 뉴스투데이, 2006. 1. 18)
>
> 어제 저녁 서울 수유동에서 공사 도중 도시가스 배관 파손… 주변 3천 세대
>
> 오늘 새벽까지 가스 공급 중단 불편 (KBS 뉴스광장, 2006. 1. 18)

아래쪽 자막에는 사건의 원인이 제시되어 있다. '추위 떨어' 보다는 '불편' 이 좀더 뉴스에 맞는 객관적인 표현이라고 생각한다.

1-5 <u>환자 바꿔 수술한 건양대 병원장 5명 사직서 제출</u>

(MBC 뉴스투데이, 2006. 1. 18)

뒤바뀐 수술 사고 관련 대전 건양대 병원장 등 10명 사직서 제출… 병원 측,

피해 환자 배상 후 사직서 처리, 경찰 수사 협조 방침

(KBS 뉴스광장, 2006. 1. 18)

위쪽 자막은 환자를 바꿔 수술한 주체가 '병원장' 이라는 오해의 소지가 있다. '건양대' 다음에 쉼표를 찍으면 이러한 오해에서 벗어날 수 있다.

1-6 <u>김정일 위원장, 후진타오 주석과 회담 후 귀국길 올라</u>

(MBC 뉴스투데이, 2006. 1. 18)

<u>김정일 북한 국방위원장, 중국 방문 마치고 귀국… 귀국 후 北 · 中 정상 회담</u>

<u>등 행적 공개될 듯</u>   (KBS 뉴스광장, 2006. 1. 18)

뉴스의 초점은 김정일 위원장의 방중 행적이 무엇인가 하는 점이다. 따라서 아래 자막이 뉴스의 핵심을 보여 주고 있다고 할 수 있다.

1-7 <u>'단전사고' 관악역 국철 · KTX 운행 5시간 반 만에 정상화</u>

(MBC 뉴스투데이, 2006. 1. 20)

KTX · 국철 구로−안양 구간, 전차선 단전으로 20여 편 어제 오후 한때 운행

<u>중단 · 승객 비난 쇄도, 철도공사 관리감독 소홀 지적</u>

(KBS 뉴스광장, 2006. 1. 20)

위쪽처럼 운영 중단 시간을 제시하는 것이 바람직하다. 아래쪽의 '승객 비난 쇄도…' 는 상투적인 표현으로 정보가 충분하지 않다. '늑장 대처로 승객

비난 쇄도' 와 같이 바꾸는 것이 나아 보인다.

1-8 내일 설 연휴 입석 · 임시 열차 승차권 발매　　(MBC 뉴스투데이, 2006. 1. 20)

　　설 연휴 KTX · 새마을호 입석 승차권, 전국 철도역과 여행사에서 오늘 오전

9시부터 판매　　　　　　　　　　　　　　　　　　(KBS 뉴스광장, 2006. 1. 20)

아침 뉴스에서 제시한 것이므로 아래쪽의 정보가 더 정확하다.

요약 뉴스를 자막으로 제시할 때는 뉴스의 핵심 내용을 간결하고 압축적을
표현한다.

집필자 🎤

장소원 서울대학교 국어국문학과, 동 대학원 졸업(문학 석사)
프랑스 파리 제5 대학교 언어학 박사
MBC 시청자 위원, 우리말 위원회 위원 역임
현 서울대학교 국어국문학과 교수

윤용선 서울대학교 국어국문학과, 동 대학원 졸업(문학 박사)
국립국어연구원 학예연구사, 히로시마여자대학 교수 역임
현 명지대학교 국어국문학과 교수

양명희 서울대학교 국어국문학과 , 동 대학원 졸업(문학 박사)
미국 메릴랜드대 초빙학자, 고등학교 문법 교과서 심의 위원
현 국립국어원 학예연구관

이홍식 서울대학교 국어국문학과, 동 대학원 졸업(문학 박사)
일본 동경외국어대학 객원교수 역임
현 숙명여자대학교 국어국문학과 교수

정희원 서울대학교 언어학과 졸업
서울대학교 대학원 언어학과 졸업(문학 박사)
현 국립국어원 학예연구관

정희창 성균관대학교 국어국문학과 졸업
성균관대학교 대학원 국어국문학과 졸업(문학 박사)
현 국립국어원 학예연구관

박용찬 서울대학교 국어국문학과 졸업
서울대학교 대학원 국어국문학과 졸업(문학 박사)
현 국립국어원 학예연구관

한성우 서울대학교 국어국문학과 졸업
서울대학교 대학원 국어국문학과 졸업(문학 박사)
MBC 우리말 위원회 전문위원 역임
현 가톨릭대학교 교양교육원 교수

조사원

정재은   고려대학교 국어교육과, 동 대학원 졸업
현 홍익대 강사

김선희   가톨릭대학교 국어국문학과 졸업
국립국어연구원 사전 편찬원

문규원   서울대학교 국어국문학과 졸업
동 대학원 국어국문학과 석사 과정

독자를 먼저 생각하는 정직한 출판

시대의창이 '좋은 원고' 와 '참신한 기획'을 찾습니다

쓰는 사람도 무엇을 쓰는지 모르고 쓰는,
그런 '차원 높은(?)' 원고 말고
여기저기서 한 줌씩 뜯어다가 오려 붙인,
그런 '누더기' 말고

마음의 창을 열고 읽으면
낡은 생각이 오래 묵은 껍질을 벗고 새롭게 열리는,
너와 나, 마침내 우리를 더불어 기쁘게 하는

땀으로 촉촉히 젖은 그런 정직한 원고,
그리고 그런 기획을 찾습니다.

시대의창은 모든 '정직한' 것들을 받들어 모십니다.

시대의창 | 분야   역사 / 문화 / 정치 / 사회
WINDOW OF TIMES
서울시 마포구 동교동 113-81 (4층) (우)121-816
Tel : 335-6125 Fax : 325-5607